Numerología Caldea y Astrología Predictiva

Guía de la adivinación, los números y el zodíaco

© Copyright 2023

Todos los derechos reservados. Ninguna parte de este libro puede ser reproducida de ninguna forma sin el permiso escrito del autor. Los revisores pueden citar breves pasajes en las reseñas.

Descargo de responsabilidad: Ninguna parte de esta publicación puede ser reproducida o transmitida de ninguna forma o por ningún medio, mecánico o electrónico, incluyendo fotocopias o grabaciones, o por ningún sistema de almacenamiento y recuperación de información, o transmitida por correo electrónico sin permiso escrito del editor.

Si bien se ha hecho todo lo posible por verificar la información proporcionada en esta publicación, ni el autor ni el editor asumen responsabilidad alguna por los errores, omisiones o interpretaciones contrarias al tema aquí tratado.

Este libro es solo para fines de entretenimiento. Las opiniones expresadas son únicamente las del autor y no deben tomarse como instrucciones u órdenes de expertos. El lector es responsable de sus propias acciones.

La adhesión a todas las leyes y regulaciones aplicables, incluyendo las leyes internacionales, federales, estatales y locales que rigen la concesión de licencias profesionales, las prácticas comerciales, la publicidad y todos los demás aspectos de la realización de negocios en los EE. UU., Canadá, Reino Unido o cualquier otra jurisdicción es responsabilidad exclusiva del comprador o del lector.

Ni el autor ni el editor asumen responsabilidad alguna en nombre del comprador o lector de estos materiales. Cualquier desaire percibido de cualquier individuo u organización es puramente involuntario.

Su regalo gratuito

¡Gracias por descargar este libro! Si desea aprender más acerca de varios temas de espiritualidad, entonces únase a la comunidad de Mari Silva y obtenga el MP3 de meditación guiada para despertar su tercer ojo. Este MP3 de meditación guiada está diseñado para abrir y fortalecer el tercer ojo para que pueda experimentar un estado superior de conciencia.

https://livetolearn.lpages.co/mari-silva-third-eye-meditation-mp3-spanish/

Índice de contenido

PRIMERA PARTE: NUMEROLOGÍA CALDEA 1
  INTRODUCCIÓN 2
  CAPÍTULO 1: INTRODUCCIÓN A LA NUMEROLOGÍA CALDEA 4
  CAPÍTULO 2: DE LOS NÚMEROS A LOS PLANETAS Y VICEVERSA 12
  CAPÍTULO 3: ENTENDER LOS NÚMEROS COMPUESTOS 27
  CAPÍTULO 4: SUS NÚMEROS DE DESTINO 34
  CAPÍTULO 5: EL NÚMERO DEL DESEO DE SU CORAZÓN 44
  CAPÍTULO 6: SU NÚMERO DE PERFIL DE PERSONALIDAD 52
  CAPÍTULO 7: SU NÚMERO DE FECHA DE NACIMIENTO 63
  CAPÍTULO 8: CONSTRUIR UNA CARTA NUMEROLÓGICA 72
  CAPÍTULO 9: NÚMEROS DE COMPATIBILIDAD 80
  CAPÍTULO 10: CALCULAR EL VALOR VIBRATORIO DE TODO 93
  CONCLUSIÓN 100

SEGUNDA PARTE: ASTROLOGÍA PREDICTIVA 102
  INTRODUCCIÓN 103
  CAPÍTULO 1: INTRODUCCIÓN A LA ASTROLOGÍA PREDICTIVA 105
  CAPÍTULO 2: LOS PLANETAS Y SUS NÚMEROS 108
  CAPÍTULO 3: LOS SIGNOS DEL ZODÍACO 129
  CAPÍTULO 4: LAS DOCE CASAS 161
  CAPÍTULO 5: LOS PRINCIPALES ASPECTOS PLANETARIOS 177
  CAPÍTULO 6: COMPRENDER LAS PROGRESIONES ASTROLÓGICAS 181
  CAPÍTULO 7: TRÁNSITOS DE PLANETAS EXTERIORES 188

CAPÍTULO 8: TRÁNSITOS PLANETARIOS INTERIORES 194
CAPÍTULO 9: LECTURA DE UNA CARTA ASTROLÓGICA 199
CAPÍTULO 10: RETORNOS SOLARES Y LUNARES 204
GLOSARIO DE GLIFOS 207
CONCLUSIÓN 210
VEA MÁS LIBROS ESCRITOS POR MARI SILVA 212
SU REGALO GRATUITO 213
RECURSOS 214

Primera Parte: Numerología Caldea

Desvele los antiguos secretos en torno a los números, la adivinación y la astrología

Introducción

La numerología es un método de adivinación fascinante y guarda muchos tesoros para quienes se sumergen en ella. Y más vale que lo crea cuando decimos que es la gallina de los huevos de oro que sigue poniendo huevo tras huevo, cada uno más valioso que el anterior.

Los números están a nuestro alrededor e influyen en todos los aspectos de nuestra vida, lo sepamos y lo aceptemos o no. Aquellos que han optado por investigar la ciencia y las energías de los números no han tenido motivos para mirar atrás porque están disfrutando de los beneficios de elegir vivir la vida de acuerdo con los planes trazados que nuestras almas tienen para nosotros.

Esto es algo que los sabios antiguos conocidos como los caldeos sabían, y es la razón por la que desarrollaron un sistema de números tan rico, hermoso y profundo que permite a todos, jóvenes y viejos, ricos o pobres, tener una oportunidad de autorrealización.

Lo que ocurre al seguir lo que su alma ha establecido para usted es que finalmente encontrará su vida llena de amor, risas, alegría y verdadera satisfacción. Ya no sentirá el deseo de seguir persiguiendo la siguiente gran cosa, el siguiente subidón, la siguiente cosa mejor y más grande. Por fin podrá salir de esa rueda de hámster y simplemente respirar porque está encarnando todo lo que se supone que debe ser y más.

Este libro es uno de los mejores que existen porque no se encontrará confundido sobre lo que significan los términos o cómo se supone que debe hacer las cuentas de los números que afectan a su vida. Descubrirá que va directamente al grano y que contiene una gran cantidad de información para iniciar su viaje con los números.

Si está preparado para cambiar su vida a mejor y llevar las cosas al siguiente nivel, le espera una gran sorpresa. Abróchese el cinturón y empecemos.

Capítulo 1: Introducción a la numerología caldea

¿Quiénes eran los caldeos?

Cerca de los ríos Tigris y Éufrates, un grupo especial de personas llamado los caldeos elaboró una forma muy interesante de numerología que es ridículamente precisa cuando se trata de describir los rasgos y la vida de las personas. Se trataba de los caldeos de Babilonia. No está muy claro de dónde vinieron, pero de alguna manera, fueron capaces de hacerse con el trono de Babilonia. Quizá haya oído hablar de Nabucodonosor. Fue uno de sus muchos reyes, y el pueblo habitó la tierra durante la mayor parte de al menos 75 años.

Los caldeos vivían junto al río Tigris
David Stanley, CC BY 2.0 <https://creativecommons.org/licenses/by/2.0>, vía Wikimedia Commons https://commons.wikimedia.org/wiki/File:The_Tigris_River,_Diyarbakir.jpg

Entonces, ¿qué tienen de especial? Al fin y al cabo, en aquella época ya existía una infraestructura básica para que pudieran vivir su vida al tomar el relevo de los ocupantes originales de la tierra. Pues bien, llegaron con innovaciones muy avanzadas en los campos de las matemáticas y la astrología. No solo eso, sino que también tenían algunos puntos de vista más refinados en materia de espiritualidad de la época, introduciendo elementos como la adivinación, la magia y el culto a la luna al reconocer su innegable efecto sobre la humanidad.

Sin embargo, todos sus logros y su fe siguen siendo confusos, ya que no hicieron mucho por registrarlos, y es una maravilla cómo pudieron extender su influencia y sus ideas por todo Occidente. Puede que hayamos perdido el acceso a todas las demás cosas que sabían, pero menos mal que lo que conocían como numerología está ahí para que podamos trabajar con ella hoy. ¿Por qué? Porque de todas las demás formas de numerología, esta es tremendamente precisa.

Introducción a la numerología caldea

La numerología caldea se centra en la idea de que todo es energía. Todo vibra a su propia frecuencia única, y algunas frecuencias funcionan mejor con unos que con otros. Así pues, todas las letras del alfabeto y los números y sonidos tienen sus vibraciones únicas, que puede utilizar para extrapolar mucha información sobre la trayectoria de su vida y otras cosas que puede haber ignorado. Está a punto de descubrir un mundo de maravillas.

Lo interesante de esta versión de la numerología es que fue la primera en reunir las interpretaciones vibratorias reales de cada letra. Desarrolló un análisis detallado del nombre de uno, vinculándolo con la fecha de nacimiento al observar la frecuencia específica de cada número para que pueda averiguar la verdad sobre quién es usted y por qué está aquí. Lamentablemente, mucha gente asume que esta es una forma difícil de numerología y adivinación, porque eso no podría estar más lejos de la verdad. Puede aprender esto, y se alegrará de haberlo hecho cuando termine con este libro porque ya no se sentirá perdido y dando vueltas en la vida.

Vibraciones y frecuencias

Una vez más, todas las cosas están hechas de energía y se expresan de forma diferente. Usted tiene una vibración o "onda" única propia, una que es claramente identificable por todos los que le rodean. Científicamente hablando, su vibración es la forma única en que oscila su energía, mientras que la frecuencia es el ritmo de esa oscilación, ya sea rápida o lenta. Así que, en lo que respecta a la numerología caldea, el objetivo es averiguar exactamente qué tipo de vibración tiene usted y cómo se presenta en el mundo mediante las frecuencias que emite a través del sonido, los números y las letras. Todo es energía, todo vibra y todo tiene una frecuencia característica que tiene un efecto muy real sobre todo y todos los que lo rodean.

Así que, cuando se trata de su vibración personal, la mejor manera de precisarla sería trabajar con su nombre, que tiene muchas pistas sobre su forma de pensar, su poder, su forma de comportarse y mucho más. Así pues, pensemos de nuevo en la idea de las vibraciones cuando se trata, por ejemplo, de la música. Si escucha una canción tocada con una guitarra, podrá captar unas cuantas notas específicas tocadas con distintos niveles de intensidad y algunos acordes que son una combinación de notas tocadas juntas. Sin embargo, tienen diferentes ritmos de vibración; sus frecuencias se engranan bien entre sí porque si no lo hicieran, no crearían un sonido armonioso. Otra cosa interesante de estas notas es que tienen resonancia. Por ejemplo, si toca una nota sol en una guitarra y hay otra guitarra en la habitación, ocurre algo fascinante: la nota sol de la otra guitarra también se verá afectada.

La numerología caldea nos muestra que no se puede tomar al pie de la letra cuando se trata de nombres. Hay que desglosarlos en sus componentes porque cada letra del alfabeto tiene su propio y único trasfondo, historia y significado. Puede conocer la trayectoria de su vida, dónde es probable que destaque, con qué lucha, sus patrones de comportamiento y las cosas con las que es probable que tenga problemas espiritualmente hablando. Ningún otro sistema de numerología hace esto mejor que el caldeo.

A, B, C, D...

Hablemos del alfabeto. Lo que tenemos ahora en español es lo más alejado de lo que trabajaban los caldeos en su época. En su lugar, utilizaban el cuneiforme, un conjunto de símbolos de aspecto interesante que eran absolutamente necesarios para la supervivencia y la prosperidad de su cultura. Escribían este cuneiforme en tablillas de arcilla que mojaban y secaban. Su cuneiforme tenía el aspecto que tenía porque era mucho más fácil escribir líneas rectas en la arcilla húmeda. Intentar escribir la letra B o C habría sido problemático. Así que esto nos lleva a preguntarnos, si ellos utilizaban un conjunto de símbolos totalmente diferente al nuestro, ¿cómo podríamos trabajar con la numerología caldea en absoluto?

Aquí tiene la respuesta. Lo que ocurre es que los símbolos y sonidos con los que trabajaban se integraron y adaptaron a otros sistemas de escritura como los jeroglíficos egipcios y otros añadidos de los romanos, hebreos, fenicios y griegos. Sin embargo, a través de todos estos cambios, los significados esenciales de la numerología caldea se mantuvieron durante varios miles de años. Recuerde que este sistema de numerología hace hincapié en la importancia del sonido y su significado, y no importa cómo se represente el sonido "ah" en forma escrita, por ejemplo, siempre será el mismo sonido.

Esta forma de numerología es tan buena que, aunque nuestro alfabeto sea diferente al cuneiforme, podemos seguir deduciendo con precisión el significado de todas las palabras que decimos sin tener que averiguar cómo se escribe en una lengua antigua.

La cosa de las letras y los números...

Hablemos del yin y el yang por un segundo. Es el concepto de que hay algo bueno y algo malo, y hay algo malo en lo bueno y algo bueno en lo malo. Del mismo modo, las letras y los números pueden tener significados positivos y negativos. No es malo que haya vibraciones positivas y negativas para cada letra y número. Es algo bueno, porque cuando sepa qué es lo que le cuesta, simplemente puede buscar la otra cara, que le mostrará lo que tiene que hacer para arreglar las cosas.

Cuando se trata de este sistema de numerología, debe tener en cuenta que cuanto más potente sea el número, más arriesgados pueden ser los aspectos negativos para usted. Por lo tanto, cuanto más potencial positivo tenga un número, más debe desconfiar de su correspondiente potencial negativo.

Comparación de la numerología caldea con la numerología pitagórica

Es posible que conozca otros tipos populares de numerología, como la numerología pitagórica. Esta fue elaborada por el propio Pitágoras en algún momento alrededor del año 500 a. C. Existen grandes diferencias entre estas dos formas de numerología, por lo que es importante no confundirlas si ya ha estudiado la versión de Pitágoras.

En primer lugar, la numerología caldea no funciona con el número 9 porque este número se considera reverentemente divino, por lo que, por respeto a la divinidad, no lo incluyeron en su carta. Sin embargo, estaba bien que el número se utilizara como parte del total de un nombre o palabra, solo que no se adscribía a ninguna letra específica. El sistema pitagórico funciona con los números del 1 al 9. Para los caldeos, el 9 se consideraba el número del infinito, y tiene sentido que pensaran así. *Cuando se multiplica el 9 por cualquier número y se suman los dígitos de la cifra resultante, siempre se obtiene el 9.* Por ejemplo, 9 multiplicado por 3 le dará 27. Si suma 2 y 7, obtendrá 9. He aquí un ejemplo más aleatorio: 9 multiplicado por 47563 le dará 428.067. Sume todos los dígitos de ese resultado y obtendrá 27; 2 más 7 es igual a 9. Saque su calculadora y compruébelo con diferentes números, y lo verá por sí mismo. Es algo fascinante. Sin embargo, parece que a Pitágoras no le importaba todo eso porque asignó la cifra a las letras I y R.

Otra diferencia clave es que la versión pitagórica no se interesa por las vibraciones únicas que produce cada sonido. Para Pitágoras, lo más interesante eran los patrones que había en la secuencia de números y nada más.

Otra cosa genial que tiene la numerología caldea sobre la pitagórica es que, mientras esta última solo se preocupa de su nombre de nacimiento, la primera reconoce que usted tiene derecho a cambiar su nombre y que cualquier nombre que utilice es válido. Se trata del efecto que su nombre actual tiene sobre usted. No le ata a su nombre, especialmente si nunca le ha gustado. Para los caldeos, cada cambio de nombre se tiene en cuenta porque, le guste o no, tener un nuevo nombre significará nuevas vibraciones y cambios en su vida, no solo en términos de cómo le llama la gente, sino también a nivel energético. Además, de todos los sistemas que existen, el caldeo es el único que entiende que las letras no son solo valores numéricos, sino que tienen su propio significado.

Comparación de la numerología caldea con la numerología de la cábala

La numerología de la cábala es hebrea y solo se refiere a su nombre de nacimiento, como la versión pitagórica. La cábala trata de conocer el alma y la mente de uno y no tiene nada que ver con las cosas que suceden en el mundo físico. Se trata más bien del aspecto mental de la vida.

Dado que esta forma de numerología está arraigada en una cultura que venera la fe y las creencias religiosas, debe saber que está arraigada en la ideología de Dios como creador de toda la vida. La cábala sostiene que Dios pudo hacerlo utilizando las letras hebreas, que tienen poder por sí mismas y sus números asignados. De hecho, quienes siguen el camino de la cábala también trabajan con algo llamado *gematría*, que ofrece una forma de interpretar varias palabras y encontrar los significados asociados, algo que les resulta útil cuando se trata de la interpretación de la Biblia.

La cábala reconoce que, para hacer cálculos en forma de numerología, hay exactamente diez categorías de energías con las que se necesita trabajar. Estas son:

1. Kéter
2. Jojmá
3. Biná
4. Jesed
5. Geburá
6. Tiféret
7. Netsaj
8. Hod
9. Yesod
10. Maljut

En cuanto al tema de las vibraciones, la cábala reconoce que existen 22 vibraciones que abarcan un rango de 1 a 400. Aunque este sistema parece tratarse de la autoconciencia y aspira a alcanzar los niveles más altos de conciencia, lo cierto es que no tiene nada que envidiar a la numerología caldea porque solo funciona con el nombre y el segundo nombre. No se preocupa de la fecha de nacimiento y la única razón por la que es tan popular es que muchos famosos se declaran seguidores de la cábala.

Numerología tamil

La numerología tamil también se conoce como numerología védica o india y es una forma antigua de este sistema de adivinación. También funciona con los números del 1 al 9, como el sistema pitagórico. Hay tres números importantes en este sistema:

- El número psíquico
- El número del destino
- El número del nombre

Estos números son muy importantes porque le ayudan a identificar sus cualidades innatas, incluidas las cosas de las que quizá no se haya dado cuenta todavía. También ayudan a predecir el futuro, pero eso es todo.

Por qué debería elegir la numerología caldea en su lugar

La numerología caldea tiene muchos beneficios de los que carecen otros sistemas de numerología. No solo es el sistema más preciso en cuanto al número de su trayectoria vital, sino que también le ayuda a mejorar su vida y a aprender más sobre sí mismo. Si se toma en serio la realización de su destino, debe aprender a utilizar este antiguo sistema.

La razón por la que los sistemas de numerología han existido durante tanto tiempo es que ayudan a millones de personas a ver la verdad sobre ellos mismos. Les ayuda a entender lo que está ocurriendo en su vida e incluso les ayuda a aprender a mejorar. Pero no todos los sistemas son iguales.

Los beneficios de tener un gran número del camino de la vida son muchos. Digo "un gran número de la trayectoria vital" porque es importante, a diferencia de otros números de numerología que no le dicen nada sobre usted o que dejan cosas vagas solo porque las consideran poco importantes. Aquí es donde la numerología caldea sobresale por encima de todos los demás sistemas de numerología. Le ayuda a conocer su número del camino de la vida, a mejorar y, en última instancia, a averiguar el significado de la vida y por qué está aquí. Lo mejor de este sistema es que desglosa todo su nombre, teniendo en cuenta cada letra y los números que hay detrás de ellas.

Es imposible mejorar su vida si no sabe lo que necesita mejorar. Cada vez que pasamos por una determinada experiencia, buena o mala, hacemos un cierto progreso. Esas experiencias nos ayudan a cambiar a mejor, pero solo cuando sabemos qué es exactamente lo que hay que cambiar.

Por ejemplo, digamos que tiene un momento difícil en su carrera y empieza a sentir que la vida no está donde debería estar. ¿No sería bueno saber que debe buscar más sabiduría o conocimiento? Este es el tipo de cosas que una lectura de numerología caldea le ayudará a averiguar. Definitivamente, debería adquirir este antiguo arte para cambiar su vida por completo y convertirse en una mejor persona. No querrá dejar su destino al azar.

Capítulo 2: De los números a los planetas y viceversa

La astrología y la numerología están conectadas entre sí, y en este capítulo aprenderá cómo se relacionan los planetas con cada número.

La astrología y la numerología están conectadas
https://pixabay.com/es/photos/sistema-solar-sol-mercurio-venus-439046/

Rasgos de personalidad del número 1

Este número se corresponde con el Sol, que es la fuente de toda la vida y la razón por la que todo sigue en su sitio. Sin el Sol, es difícil imaginar cómo puede sobrevivir cualquier forma de vida. Si su cumpleaños cae en los días 28, 19 o 1, está bajo la influencia de este número. Lo mismo ocurre si el valor de su nombre es el 1.

Si ha nacido bajo la influencia de este número, lo más probable es que sea una persona que valora la honestidad, y si la gente tuviera que describirle, diría que hay cierta dignidad en su forma de hacer las cosas.

Es probable que nunca le pillen vestido de forma horrible, y que se pasee como si fuera el dueño del lugar. No tiene problemas en repartirlo todo cuando se trata de dinero.

Cuando se trata de trabajar, siempre da todo lo que tiene, y por esta razón, el éxito nunca se le escapa. Usted es una persona directa que no ve ningún sentido en la deshonestidad, y a menudo llama a las cosas como las ve. No tiene espacio en su corazón para albergar odio, no es el tipo de persona que juega sus cartas cerca del pecho, y nunca consideraría traicionar a alguien o una causa ni en un millón de años. Lamentablemente, no todo el mundo puede soportar lo franco que es usted, lo que puede ganarle un poco de enemistad de los demás.

Nadie tiene que adivinar a qué atenerse con usted porque sabrá si le gusta o le odia. Además, no está desesperado por la amistad o la compañía de nadie, sino que es un imán que atrae a la gente hacia usted porque es una persona servicial por naturaleza, y su honestidad es una cualidad poco común que mucha gente busca.

Su mente es aguda y no se le escapa nada, por lo que nadie podría ponerle por encima, ya que puede saber de qué van realmente. Su mente aguda también le permite destacar en cosas como las ciencias místicas, las artes, los asuntos metafísicos, la música y todo lo relacionado con el arte.

La influencia del Sol en el número 1

Usted es un gran trabajador. Nadie podría acusarle de ser perezoso, y siempre está haciendo una cosa u otra. También está muy lejos de ser codicioso y prefiere alegrarse por los demás y sus logros.

Al igual que el Sol rige la totalidad de nuestro sistema estelar, usted es el tipo de persona que puede encontrarse dirigiendo cosas, a menudo nominada para estar al frente de los asuntos. La influencia del Sol hace que a usted le vaya muy bien como político o administrador a cargo de otros. No es raro encontrar a los 1 en todo el espacio político.

Rasgos de personalidad del número 2

El número 2 es yin (o un número femenino). La numerología caldea simboliza el amor, la paz, el matrimonio y la asociación. El 2 es un equilibrio perfecto de energías masculinas y femeninas. Sabe que siempre puede contar con alguien con un 2 en su trayectoria vital para que le apoye y le acompañe en cualquier empresa de la vida.

Si su número de ruta de vida es un 2, entonces tiene una gran empatía por los demás y tiene mucho amor que dar a los que le rodean. Pasará tiempo atendiendo las necesidades de un individuo antes de atender las suyas propias si es necesario, porque posee esa cualidad nutritiva característica que la mayoría de la gente necesita en algún momento de su vida. Debe intentar evitar volverse demasiado posesivo o dependiente de otra persona, y descubrirá que sus relaciones serán más sólidas y duraderas.

La tendencia de un 2 es querer ser necesitado por el deseo de amar. Es posible que su madre la haya sobreprotegido en la infancia, pero es probable que esto se deba a que está acostumbrada a estar sola y no tenía un hombre cerca en ese momento. Muchas personas con un número de trayectoria vital de 2 también tienen historias marcadas por relaciones rotas, especialmente en caso de separación o divorcio. Tienen sed de armonía con los demás y tienden a llevarse bien con casi todas las personas con las que se encuentran.

Si usted es un 2, puede ser un compañero y amigo ideal. Tiende a ser muy leal y digno de confianza a menos que alguien le dé motivos para no serlo. Está dispuesto a cuidar de casi cualquier persona durante el tiempo que sea necesario porque busca una unión duradera en sus relaciones. Su tipo de relación favorita es la que se basa en la amistad porque es más probable que perdure a lo largo de los años. Es importante que, si una relación comienza con romance y lujuria, no se permita continuar si los sentimientos comienzan a desvanecerse. Si encuentra que no puede comprometerse durante mucho tiempo, puede tender a ser promiscuo. Es más probable que una relación dure si un miembro de la pareja no se aprovecha del otro. Puede ponerse celoso si otra persona se atreve a coquetear o mostrar interés por su pareja.

El 2 suele ser tranquilo y prefiere no causar una conmoción innecesaria. Si a menudo se hallan observando la vida desde fuera, quieren más de lo que les ofrecen los que les rodean, lo que con frecuencia los lleva a luchar con sus relaciones durante años antes de que algo cambie a mejor. La tendencia de alguien con una ruta de vida 2 es llevarse bien con casi todo el mundo y disfrutar de los beneficios de una relación duradera y sólida si pueden superar las pruebas que pasan al principio.

La influencia de la Luna en el número 2

La Luna abarca el amor, la asociación y la compasión. También representa el pensamiento ilusorio, o lo que algunos llamarían juegos mentales. La Luna influye en las personas del número 2, y se nota en lo emotivas que son. La Luna rige la noche. Es el único satélite natural del planeta Tierra, y su trabajo consiste en iluminar el lado oscuro de nuestro mundo. De ahí que este número obtenga sus atributos; los nacidos el día 2 tienen una profunda conexión con la tierra y un amor por la noche y todo lo que trae consigo. Tienen una forma de ser la luz en la oscuridad para los que atraviesan tiempos difíciles.

Rasgos de personalidad del número 3

El número 3 ha sido descrito como el número de la creatividad, la imaginación y la autoexpresión. La numerología caldea utiliza el número 3 para representar a alguien que es expresivo e imaginativo en su trabajo. Las personas con el número 3 suelen ser muy creativas en sus esfuerzos, y a menudo se les ocurren ideas nuevas e innovadoras que las distinguen de la multitud.

En lo que respecta a las relaciones y amistades, este tipo de personas son compañeros afectuosos y cariñosos que se sienten felices de cuidar a los demás. Suelen ser muy populares entre los amigos porque se comportan de forma amistosa y los demás quieren acercarse a ellos. Este tipo de número también tiende a tener muchas relaciones con muchas personas. Las personas del número 3 pueden ser muy generosas y compartirán gustosamente sus posesiones con los demás. De usted depende que sepan que está abierto a recibir los regalos.

Los que tienen una relación con el número 3 suelen tender a cuidar de los demás a su costa. Sin embargo, es importante que este tipo de personas escuchen de vez en cuando sus propias necesidades, porque a veces pueden verse tan atrapados en ayudar a los demás que se olvidan de sí mismos.

En cuanto a la salud y el bienestar, las personas del número 3 tienden a tener una visión generalmente positiva de la vida. Se consideran almas creativas que pueden ser excelentes científicos, escritores y poetas. A menudo se encuentran rodeados de muchos amigos que les ayudan a desarrollar sus talentos. Debido a algunas de sus otras características, las personas del número 3 se encuentran muy cómodas en entornos de trabajo que no se centran demasiado en las normas y reglamentos. Cuanto más relajados sean estos entornos, mejor se desenvolverán este tipo de personas.

Las personas del número 3 también son amables y fáciles de llevar, pero tienden a adoptar un enfoque de la vida más maduro de lo habitual. Suelen ser el tipo de personas hacia las que gravitan los demás porque tienen un efecto calmante y tranquilizador en los demás. Si tiene un amigo del número 3, descubrirá que su naturaleza relajada y amistosa puede contagiarle con el tiempo.

Los números 3 también pueden ser compañeros muy solidarios. A menudo saben cómo ayudar a otras personas a superar sus problemas y estarán encantados de prestar toda la ayuda que puedan para que la otra persona salga adelante. La personalidad del número 3 se considera muy afortunada, especialmente cuando se trata de su carrera. Este tipo de persona tendrá muchas oportunidades de empleo, no necesariamente porque sea mejor que los demás, sino simplemente porque su capacidad natural para crear formas nuevas e innovadoras de hacer las cosas atrae a los demás hacia ella. Su imaginación es uno de los mayores puntos fuertes de este tipo, y puede utilizarse para conseguir muchas cosas grandes en el trabajo.

La influencia de Júpiter en el número 3

Júpiter

NASA/JPL-Caltech/SwRI/MSSS/Kevin M. Gill, dominio público, vía Wikimedia Commons: https://commons.wikimedia.org/wiki/File:PIA22946-Jupiter-RedSpot-JunoSpacecraft-20190212.jpg

La numerología caldea asigna este número a Júpiter, el planeta de la suerte, el éxito y la prosperidad. Estas personas son muy afortunadas y disfrutan de una vida feliz gracias a su buena fortuna.

Júpiter es también una analogía astrológica de las fuerzas espirituales protectoras que rigen todo lo que hacemos. Su afinidad con el número 3 significa que los nacidos bajo este signo son extremadamente afortunados en todos los aspectos de su vida y siempre tienen algo bueno que esperar. Estos nativos suelen tener éxito en todo lo que hacen.

Rasgos de personalidad del número 4

El número 4 es un número relacionado con la seguridad, el conservadurismo y el sentido práctico. Se considera el número del realista. A este tipo de personas les cuesta desprenderse de la tradición y de las ideas anticuadas. Las personas del número 4 suelen tener dificultades para expresarse ante los demás y pueden presentar una visión muy obstinada de sus ideales.

A menudo pueden ver lo malo en todo mientras ignoran o incluso descartan lo bueno. Por eso les resulta tan difícil comunicarse con los demás. Este tipo de personas también tienden a tener una visión negativa del futuro, esperando siempre lo peor y temiendo perder a sus allegados. Pueden ser muy imaginativos y dramáticos, y a menudo se les ocurren formas excesivamente dramáticas de expresarse.

Los 4 suelen ser buenos en la práctica o desde una perspectiva empresarial. Suelen tener muy buena cabeza para las finanzas y tienen pocas dificultades para administrar su dinero. Esto no significa que este tipo de personas sean egoístas. Todo lo contrario, de hecho, tienden a cuidar de los demás financieramente con gran generosidad y están ahí para los demás cuando surgen necesidades. También tienden a ser muy leales a sus seres queridos y estarán a su lado pase lo que pase.

Es importante señalar que los nacidos con el número 4 suelen describirse como muy idealistas. Suelen tener las mejores intenciones y siempre quieren lo mejor para los demás. Sin embargo, no es desconocido que tengan sus propias ideas sobre cuál debe ser el rumbo elegido. Las personas del número 4 pueden ser a veces demasiado obstinadas para su propio bien y aferrarse a sus ideales durante demasiado tiempo. También pueden ser muy adaptables en situaciones que otros encontrarían difíciles de vez en cuando. Las personas nacidas bajo la influencia del número 4 suelen saber cómo saltarse las normas y los reglamentos para conseguir sus objetivos. No son conocidos por ser especialmente honestos, pero sí por encontrar formas de conseguir lo que necesitan. Esta capacidad de adaptación puede hacer que este tipo de personas sean muy útiles en el trabajo, ya que saben cómo trabajar con los demás y pueden suavizar las situaciones difíciles.

Los 4 tienden a un cierto nivel de obsesión que suele acompañar al lado negativo de este número. Este tipo de personas se preocupan constantemente y encuentran cosas que les disgustan. Si una persona del número 4 no puede desprenderse de algunas de estas preocupaciones, su mente divagará constantemente y pasará mucho tiempo soñando despierta.

Pueden ser muy buenos creando símbolos de estatus y suelen ser coleccionistas. Prefieren comprar algo bonito para ellos mismos y para los que les rodean que necesitarlo realmente y a menudo gastarán mucho más de lo necesario en objetos que consideran que tienen algún tipo de valor, incluso si estos objetos pueden parecer a los demás nada más que basura. Tienen una naturaleza artística en el pensamiento o el trabajo y también son muy creativos en ciertas áreas. Pueden ver las cosas desde una perspectiva diferente y a menudo se les ocurren ideas que a otros no se les ocurren. Este tipo de personas suelen ser muy buenos líderes y a menudo pueden hacerse cargo de las personas y las situaciones.

La influencia de Urano en el número 4

El número 4 se caracteriza por ser paciente, disciplinado y orientado a objetivos, con una fuerte necesidad de orden en su vida. Urano les aporta el impulso radical del cambio. Por ello, pueden verse desequilibrados por los imprevistos que trae consigo Urano, y el choque entre su necesidad de orden y de cambio puede provocar conflictos en sus vidas.

En este caso, hay una medida correctiva que puede tomarse: Si es usted un número 4, practique el despeje de su espacio para que las cosas nuevas no entren en su vida o en su radar de forma demasiado inesperada. Puede que no sea capaz de controlar el mundo que le rodea, pero al menos puede intentar controlar su propio espacio.

Rasgos de personalidad del número 5

El número 5 es el número del placer y la fascinación. Este tipo de persona suele tener una gama muy amplia de intereses. Esto incluye áreas como el arte, la música, la práctica de deportes, los idiomas o incluso los juegos de azar como recreación. Estas personas ven todo lo que les rodea como un juego y se apresuran a ver la diversión en todo. Disfrutan aprendiendo cosas nuevas y siempre buscan el conocimiento.

Los 5 suelen ser muy buenos haciendo amigos y disfrutando de la compañía de los demás. Pueden ser muy enérgicos, compartir su energía de muchas maneras diferentes y suelen ser bastante sociables. Sin embargo, tienden a tener problemas para comprender a los demás, ya que parecen tener problemas para entender el simbolismo que hay detrás de las cosas o para ser capaces de distinguir lo que a los demás les molesta.

Este tipo de persona suele ser demasiado llevadera para su propio bien, ya que tenderá a aceptar la mayoría de las sugerencias, aunque no esté de acuerdo con ellas. Tampoco verán necesariamente los aspectos negativos de estas sugerencias y puede que no sean capaces de ver su relevancia. Esto puede causar problemas a la hora de expresarse o incluso de manejar las críticas.

Las personas del número 5 suelen ser bastante buenas para mantener las apariencias y a menudo se las considera amables y sociables. Sin embargo, esto no siempre significa que estén contentos con su propia vida, sino que se les da bien fingir que son felices. Tienden a ver la vida a través de una determinada lente que han creado para sí mismos, una en la que todo es un juego y la gente necesita tratarles de la misma manera. Esto puede causar problemas cuando se trata de ser demasiado negativo, ya que este tipo de persona puede ser buena ocultando sus verdaderos sentimientos para mantener las apariencias.

Suelen ser muy creativos y les gusta tener la oportunidad de expresarse a sí mismos y a los demás de diferentes maneras. Son muy buenos improvisando y suelen jugar con las cosas. También tienden a ser bastante competitivos y a menudo pueden pasar mucho tiempo adelantándose a los demás y demostrando que son mejores que ellos en algo. Les encanta sentir que han logrado algo que nadie ha hecho antes o que ni siquiera se les ha ocurrido hacer.

Las personalidades número 5 suelen ser muy útiles en las amistades, pero también pueden ser muy celosas. Esto puede causar problemas en las relaciones y puede causar problemas cuando se trata de compartir cosas con los demás. Por lo general, no les gusta compartir el protagonismo y puede resultar difícil si los demás les quitan la atención. Pueden encajar en casi cualquier situación o grupo de personas con relativa facilidad. Tienen un aire de seguridad a su alrededor, lo que les permite llevarse bien con muchos tipos diferentes de personas y les ayuda con las interacciones sociales. Suelen ser bastante buenos escuchando a los demás y comprendiendo sus sentimientos y sus problemas. Los 5 tienden a ser muy generosos y amables, siempre dispuestos a ayudar a los demás cuando pueden. Este tipo de persona no es fácilmente vista como un bravucón por nadie y generalmente tiene muchos amigos que le ayudan en momentos de necesidad.

La influencia de Mercurio en el número 5

Mercurio, el planeta de la comunicación, es el regente del número 5. Mercurio también tiene una fuerte asociación con el intelecto y la información. Mercurio puede ser generoso y proporcionar suerte a los necesitados, pero también puede manipular la conciencia de forma negativa. Las personas pueden sentirse inseguras sobre quiénes son sus verdaderos amigos. Los efectos psicológicos son que pueden sentir que no están recibiendo lo que merecen o que los demás se están aprovechando de ellos o simplemente no están ahí para ellos tanto como les gustaría que estuvieran. El número 5 haría bien en comprender que el único responsable de estar siempre a su lado es él mismo.

Rasgos de personalidad del número 6

La persona número 6 no lucha tanto por sus derechos como otras y tiende a ser muy relajada en este ámbito. Sus planes de vida suelen ser bastante vagos y difíciles de precisar, pero no necesariamente están poco dispuestos a participar en algo importante o beneficioso de alguna manera.

Las personas del número 6 tienden a ser muy generosas con sus emociones y a veces pueden ser muy retorcidas cuando tratan con los demás. Muy a menudo, estarán en desacuerdo con el sistema que les rodea porque sienten que estos sistemas no funcionan correctamente y que deberían cambiarse de alguna manera. Este tipo de personas tienden a sentir que necesitan hacer cambios en su vida en general, pero a menudo no son conscientes de cómo estos cambios les afectarán a ellos personalmente ni de lo importantes que son estos mismos cambios para otras personas.

Este tipo de persona también puede ser muy buena para concluir las cosas y cerrar una conversación o una discusión con las palabras y frases adecuadas. Incluso pueden utilizar esta habilidad para salir adelante, tratando de hacer parecer que son menos inteligentes de lo que realmente son y utilizando esto para manipular a los demás. Esto puede causarle problemas a la hora de ir a la escuela o al trabajo.

Los 6 son muy emocionales y bastante dramáticos, lo que les dificulta encajar o incluso hacer un buen trabajo o carrera. Esto no quiere decir que no puedan lograr nada, sino que deben aprender a aceptar la idea del compromiso para lograr sus objetivos o los de otra persona. Deben mirar fuera de sí mismos y ver lo que quieren los demás antes de poder trabajar para conseguir sus propios deseos. Esto provocará algunas fricciones con otros tipos de personalidades e incluso puede causar problemas con sus allegados.

Las personas del número 6 tienden a ser sociales y les gusta estar rodeadas de otros. Suelen estar dispuestas a probar cosas nuevas, a salir con otros y a hacer un poco el tonto para hacer felices a los demás. Sin embargo, tienden a aburrirse fácilmente de las cosas en general y pueden volverse muy malhumorados a veces. No les gustan los conflictos, y si se les da a elegir entre dejar un problema o soportarlo, rara vez elegirán lo segundo.

En lo que respecta a las amistades, las personas del número 6 suelen ser muy honestas cuando tratan con los demás y son capaces de comprometerse cuando es necesario. Por lo general, saben escuchar con atención cuando alguien quiere que los escuchen y aceptan sus opiniones. Este tipo de personas también pueden ser ligeramente taimadas y solapadas cuando se trata de conseguir lo que quieren.

Pueden encajar en casi cualquier situación o grupo de personas con relativa facilidad. Tienen un aire de seguridad a su alrededor, lo que les permite llevarse bien con muchos tipos diferentes de personas y les ayuda con las interacciones sociales. Suelen ser bastante buenos escuchando a los demás y comprendiendo sus sentimientos y sus problemas.

La influencia de Venus en el número 6

Venus
https://commons.wikimedia.org/wiki/File:Venus_globe.jpg

Debido a Venus, estas personas tienden a ser muy amables y serviciales, casi hasta el extremo. Intentan constantemente ayudar a los demás, y ayudar es su pasatiempo favorito. Muchas de estas personas son propensas a ofrecer consejos o ideas no solicitadas sobre los problemas. Otros harán suyas las causas en las que creen sus amigos, aunque ellos mismos no compartan esas mismas creencias. Prefieren "ayudar" que "perjudicar". La teoría de la numerología caldea muestra cómo Venus siempre intenta curar lo que le aqueja. Estas personas brillan de verdad cuando pueden ayudar y cuidar a otras personas.

Rasgos de personalidad del número 7

El 7 es un número de la suerte y un signo de buena fortuna. Este número también puede verse como "el buscador" o "el pensador". Este tipo de personalidad se manifiesta como pensadores sistemáticos que rara vez cambian de opinión sobre las cosas. Son excelentes gestores a los que no les gusta involucrarse en los problemas de los demás. El tipo de personalidad 7 tiene unos estándares morales muy elevados y es discreto - incluso reservado - cuando se guarda sus pensamientos para sí mismo.

Siempre son honestos y dignos de confianza, pero no les gusta participar en actividades sociales. Les gusta estar solos y son tranquilos por naturaleza. También son muy reservados y solo hablan cuando tienen algo importante que decir. Las personas integradas con un tipo de personalidad 7 creen que la vida se basa en el equilibrio, los valores y los principios. Les encanta leer libros, resolver problemas matemáticos y la jardinería. Las mejores opciones profesionales para ellos incluyen las matemáticas, la ingeniería, la medicina, la ciencia o cualquier otro campo de investigación.

Las personas con este tipo de personalidad tienden a ser tranquilas pero retraídas la mayor parte del tiempo. A menudo prefieren estar solos a mezclarse con otros en reuniones o fiestas. Cuando están en un grupo de personas, no se presentan a otros desconocidos. Las personas con este tipo de personalidad son muy prácticas y sistemáticas a la hora de afrontar los problemas.

Las personas con el tipo de personalidad número 7 tienen una fuerte capacidad de análisis y un intenso poder de concentración. Pueden trabajar en una tarea durante largas horas sin perder la concentración ni distraerse con otras cosas. Son personas directas y honestas que respetan la tradición, la fe, la familia y los valores personales por encima de todo. Creen en el trabajo duro para que su familia pueda disfrutar de los frutos de su labor. Al mismo tiempo, desean el respeto en lugar de la popularidad.

Son individuos sensuales y encantadores que son muy exigentes con sus parejas. Siempre eligen a parejas que puedan estar a su altura intelectual y emocionalmente. Las personas del número 7 viajan mucho a lo largo de su vida porque necesitan escapar de las trampas de la rutina diaria para sentirse frescas y con energía. Puede que oculten sus verdaderos sentimientos a los demás, pero eso no significa que carezcan de emociones o empatía.

La influencia de Neptuno en el número 7

Como número 7, usted tiene un aire de misterio. Es difícil saber lo que piensa o siente porque su mente está en constante movimiento. Neptuno es como la niebla matutina que se dispersa rápidamente y deja el mundo que le rodea fresco y vivo con nuevas ideas y posibilidades.

El proceso de alejarse de los viejos patrones y hábitos puede ser un reto para los 7, pero pronto encontrarán el éxito en su camino al descubrir un nuevo significado detrás de una vida que se convierte en el centro de todo lo que hacen. Esto es gracias a Neptuno, que proporciona una fuente de inspiración que ayuda a los números 7 a cuestionarse cosas como la religión o la filosofía, a salir de la caja del statu quo y a encontrar un propósito en sus nuevas formas de ver y hacer las cosas.

Rasgos de personalidad del número 8

Las personalidades del 8 son ambiciosas y están orientadas a los objetivos. Viven su vida con un sentido de urgencia y pueden ser un poco impacientes. Las personalidades 8 no suelen conformarse con "estar bien", sino que quieren ser los mejores en todo lo que hacen. Trabajan duro para alcanzar el éxito en todos sus esfuerzos y no se conforman con nada menos que ser los mejores en todo.

Los 8 pueden resultar un poco abrasivos o egocéntricos cuando intentan alcanzar objetivos, especialmente si sienten que sus ideas no son respetadas o si sus objetivos son desafiados de alguna manera. Necesitan aprender a encontrar un equilibrio entre lo que quieren y lo que es mejor para los demás, en lugar de centrarse únicamente en sí mismos todo el tiempo.

Son líderes naturales y nunca son seguidores. No les gusta ser controlados o manipulados por otros de ninguna manera, forma o manera y defenderán lo que creen. Las personalidades 8 tienen fuertes convicciones a la hora de tomar decisiones y a veces pueden parecer poco razonables o intransigentes debido a su fuerte sentido de la determinación. Les encanta aprender cosas nuevas y están muy interesados en descubrir la verdad, sobre todo. Tienen una naturaleza extremadamente curiosa y les encanta averiguar cómo funcionan las cosas. Por ello, los 8 son excelentes inventores, investigadores, científicos, etc.

Pueden ser extremadamente exigentes y quieren que las cosas se hagan rápido y bien. Quieren que las cosas se hagan sin importar lo que cueste o los obstáculos que aparezcan en el camino. No les gusta esperar a que se produzcan resultados y no tienen miedo de correr riesgos para conseguir lo que quieren.

Los 8 no son muy buenos delegando tareas, sino que prefieren hacerlo todo ellos mismos. Si una tarea es demasiado grande, la dividirán en trozos más pequeños para que sea más fácil de gestionar. Tal vez deban considerar la posibilidad de delegar tareas en algunas situaciones en lugar de tratar de manejar todo por su cuenta todo el tiempo. Esto liberaría más tiempo para que ellos y otros puedan disfrutar haciendo otras cosas también.

Los 8 tienden a procrastinar, especialmente cuando se trata de hacer algo que no les atrae. Si una tarea es desagradable o aburrida para una personalidad 8, la dejará para el último momento. Las personalidades 8 deben aprender a gestionar su tiempo adecuadamente para no tener momentos estresantes como este en el futuro. Los 8 son más sensibles y sentimentales que la mayoría de la gente. Están en sintonía con los sentimientos de los demás y pueden sentirse fácilmente heridos si alguien es insensible con ellos o si alguien hace algo desconsiderado. Necesitan aprender a comunicar sus sentimientos de forma más asertiva para que los demás puedan entender de dónde vienen sin que las cosas se calienten demasiado o se vuelvan emocionales.

Las personalidades 8 son líderes carismáticos que poseen carisma, fuerza, valor y ambición, todas las cualidades de un verdadero líder. No temen ser criticados por los demás o tomar las riendas cuando sea necesario; harán lo que sea necesario para que todos salgan ganando.

La influencia de Saturno en el número 8

En el sistema de numerología caldea, se dice que Saturno crea personas fuertes, firmes y valientes. Debido a Saturno, los 8 tienen un profundo sentido de la justicia y la rectitud. Creen que tienen el derecho divino de impartir justicia porque ya la protegen al ser seres tan moralmente correctos.

Tabla de numerología caldea

¿Tiene curiosidad por saber cuál es el valor numérico de cada letra en la numerología caldea? Aquí tiene:

1 2 3 4 5 6 7 8
A B G D E U O F
Q R C M H V Z P
Y K L T N W
I S X
J

Seguramente habrá notado la ausencia del número 9, y ya hemos repasado por qué. No es que no tenga ningún simbolismo; los ocultistas reconocen este número como la esfera más alta, la representación misma de la divinidad; por lo tanto, no requiere ninguna letra para representarlo. Dicho esto, cuando ocurre que el nombre de alguien suma un 9, o los números compuestos 27, 18, 36, etc., se le pueden atribuir los rasgos del 9.

Capítulo 3: Entender los números compuestos

En todos los sistemas de numerología, los números suelen tener los mismos rasgos y significados, pero lo que ocurre con la numerología caldea es que se necesita mucho más que lo que significa cada número por sí solo. Es decir, tiene *números compuestos*.

Los números que hemos repasado en los capítulos anteriores son solo números simples o raíces, también llamados *números principales*. Sin embargo, ha llegado el momento de hablar de los números compuestos o dobles. Estos números pueden aportarle mucha información sobre su vida. Es el meollo del tema de la numerología caldea, pero no deje que este hecho le asuste porque puede entenderlos con solo un poco de estudio y tiempo.

Mientras que los números simples le mostrarán cómo le perciben los demás en su vida, los números compuestos le revelarán los impulsos y motivos ocultos que le llevan a actuar de la forma en que lo hace. Estudiarlos detenidamente puede darle algunas pistas sobre su futuro o sobre lo que está destinado a conseguir en la vida.

Todos los números a partir del 10 forman números dobles. Digamos que está viendo el número compuesto 13, por ejemplo. Podría descomponerlo en una raíz de 4 sumando ambos dígitos, pero dicho esto, el 1 y el 3 forman un número compuesto con su propio y único significado diferente del número raíz.

Los números compuestos

Número 10: Está representado por la Rueda de la Fortuna, y como número compuesto, representa las ideas de confianza, seguridad en uno mismo y ser honorable en todo lo que se hace. También tiene que ver con el hecho de que uno puede elevarse con la misma facilidad con la que puede caer. El número 10 es un número reconocido por su potencial para el bien o el mal. La forma de expresarlo en su vida depende de sus deseos y de cómo decida darles vida. En la numerología caldea, se considera un número que puede traerle una gran fortuna, lo que significa que cualquier cosa que busque lograr en la vida es probable que se desarrolle de acuerdo con el plan.

Número 11: Este número lleva aparejado bastante peligro, hasta el punto de que algunas personas recomiendan cambiarse el nombre si se tiene este número compuesto. Las personas que lo tienen como número compuesto tienen que vivir una vida plagada de traiciones y engaños. Está representado por el León amordazado o la mano cerrada. Si este es su caso, es posible que su vida esté llena de muchos desafíos.

Número 12: Este número representa el arquetipo de la víctima o del sacrificio. Es un número regido por la ansiedad y la inquietud, y a menudo implica que uno puede tener que hacer todo tipo de sacrificios por cuenta de los demás, ya sea para ayudarles o simplemente porque sus luchas les divierten.

Número 13: Este número representa la energía de la muerte montada en un caballo con su guadaña, que utiliza para cosechar almas para el otro lado, y se representa con el símbolo del esqueleto. La esencia de este número es el *cambio*. Esta oleada de cambios podría llegar de muchas maneras, desde que tenga que cambiar sus planes, el lugar donde vive, etc. Sin embargo, no deje que este cambio le asuste *porque el cambio no siempre es malo.* Cuando lo acepte, tendrá dominio sobre todo lo que se le presente. Claro que el cambio puede traer destrucción y alterar totalmente el mundo tal y como lo ha conocido siempre, pero con esa destrucción viene la oportunidad de empezar de nuevo y ser mejor que nunca. Este número también representa el poder, que en sí mismo es neutro, pero que puede crear resultados buenos o malos, dependiendo de cómo lo ejerza. Este número le advierte que debe esperar lo inesperado y hacer las paces con lo desconocido cuando aparece como uno de sus números compuestos.

Número 14: Este número representa la idea de movimiento. Trata de cómo las cosas, las personas y las ideas pueden combinarse para crear algo nuevo. También tiene que ver con el peligro que puede presentar la madre naturaleza, como los incendios, los tornados, las inundaciones, etc. Sin embargo, no deje que este número le asuste, porque es absolutamente estupendo cuando se trata de asuntos relacionados con sus finanzas, cambios en los negocios y hacer conjeturas calculadas en asuntos de dinero. Sin embargo, si este es su número, no significa que deba volverse demasiado arrogante porque siempre hay un elemento de riesgo, no por usted, sino por los que le rodean que podrían hacer algunas tonterías que podrían poner en peligro sus resultados. Por ello, debe tomar las precauciones necesarias.

Número 15: Este número representa el misterio y la magia. Es muy importante para los ocultistas, pero no porque sea el más grande. Es que quien tiene este número tiene acceso al poder de la magia, y tiene un talento natural para manejarlo para lograr lo que se proponga. Cuando este número está conectado a un principio con buenas ideas, podría ser extremadamente afortunado para usted. Sin embargo, cuando está conectado a números como el 4 o el 8, significa que podría no tener problemas para caminar por el lado más oscuro de la magia. Normalmente, quienes están bajo la influencia de este número compuesto tienen el don de la palabra. Son geniales en todas las formas de arte y música, y cuando están de humor, pueden dar algo de dramatismo, ya que tienen un temperamento bastante interesante y una forma extraña de atraer a la gente hacia ellos sin intentarlo. Nunca tienen que preocuparse por el dinero y, por alguna razón, la gente está más que contenta de hacerles favores incluso sin que se lo pidan.

Número 16: Este número está relacionado con la carta del tarot de la Torre, y podría llamarse la "ciudadela destrozada". El número 16 dice que debe tener cuidado con las cosas peligrosas que se avecinan, especialmente en lo que respecta a los planes que ha trazado para su vida. Tiene que ver con su futuro y sirve como advertencia de que debe estar muy atento para planificar las contingencias con suficiente antelación para no acabar en situaciones problemáticas que podrían haberse evitado.

Número 17: Este número está representado por Venus y su estrella de 8 puntas, que es la personificación de la paz y el amor. Algunos la llaman la Estrella de los Reyes Magos, lo que debería indicarle lo espiritual que es el número 17. Cuando usted nace bajo la influencia de este número compuesto, significa que ha superado todos los retos en su vida espiritual y también en su vida profesional. Ha llegado a la verdadera inmortalidad en todo el sentido de la palabra, y su nombre seguirá vivo mucho después de que usted se haya ido. Mientras no haya ninguna conexión con los números 4, 8 y otros números compuestos que puedan descomponerse en esos dos números, este número es muy bueno y traerá a quienes estén bajo su influencia suerte y buena fortuna en todo lo que hagan.

Número 18: Este número tiene un simbolismo muy interesante relacionado con él: una luna y sus rayos goteando sangre, mientras que debajo de ella hay un perro y un lobo. Ambos animales están hambrientos, con la boca abierta para atrapar la sangre que cae. Además, hay un cangrejo que quiere participar en la acción. ¿Qué significa este extraño símbolo y cómo está relacionado con el número 18? Bueno, representa la idea de que cuando uno no tiene cuidado, lo material puede anular por completo todo el progreso espiritual. Este número está relacionado con temas como la guerra y las peleas, desde las internas y personales hasta las interpersonales y entre naciones enteras. Pretende advertirle que espere engaños y traiciones a cada paso, y también podría representar los peligros de la propia Madre Naturaleza. Cuando este número aparece cuando está calculando la favorabilidad de la fecha, significa que debe tener cuidado y ejercer mucha precaución ese día.

Número 19: Se trata de un número muy afortunado que, reducido a un solo número, le da el 1, que representa al sol. Representado como el príncipe del cielo, cuando este número aparece para usted, significa que puede esperar el éxito en todo lo que haga. Significa que será muy feliz y que sus bendiciones serán tan evidentes que los demás no podrán evitar notarlas y verse afectados por ellas, para bien o para mal. Es una buena idea hacer planes para su futuro porque existe la posibilidad de que las cosas le salgan de maravilla.

Número 20: El 20 es el número del juicio o del despertar, si lo prefiere. Tiene que ver con encontrar cosas nuevas, ya sea un nuevo sentido de propósito, nuevos logros, nuevos planes y un amor renovado por la vida. Es un número que le pide que alcance las estrellas porque su propósito es mucho más grande que cualquier cosa que pueda imaginar. Este número no tiene que ver con el éxito material. De hecho, es dudoso que sea ahí donde destaque. Cuando trabaje con este número para planificar su futuro, aprenderá que le está advirtiendo sobre posibles obstáculos en sus planes, y debe estar atento a ellos. La forma de superar cualquier contratiempo es trabajando con su lado espiritual, porque es en el espíritu donde triunfará.

Número 21: Este número está representado por la corona de los Reyes Magos o el Universo. Representa la idea de que, haga lo que haga, siempre está avanzando. Tiene que ver con la elevación constante y con recibir el honor por lo que logra, y si este número es el suyo, significa el hecho de que no importa lo duro y largo que haya sido su esfuerzo, el éxito será inevitablemente suyo. Este éxito es algo que solo puede alcanzar después de haber demostrado repetidamente que nunca se va a rendir sin importar lo que la vida le depare. Es un número que le llama a mantener la esperanza y a ser leal a su causa.

Número 22: Este número le advierte de que es susceptible de que le tomen por tonto debido a la bondad de su corazón. Es un número que implica que puede suponer que es una especie de Pollyanna en un mundo en el que nada va mal, y solo será consciente de su engaño cuando se encuentre rodeado de montañas de peligro. Normalmente, estos delirios pueden ser alimentados por aquellos que ofrecen sus opiniones y juicios incorrectos.

Número 23: Este número le promete el éxito en todo, especialmente porque es probable que reciba ayuda de aquellos que son más influyentes o poderosos que usted. Hacer planes teniendo en cuenta este número implica mucho éxito.

Se le conoce como la Estrella Real del León.

Número 24: Este número también es bueno. Le dice que aquellos que tienen los medios necesarios para que usted logre lo que desea, le ayudarán, y significa que es probable que encuentre este éxito por medio del amor, particularmente con el sexo opuesto.

Número 25: Este número representa la idea de fortaleza a través de todas las situaciones y las cosas buenas que pueden llegarle cuando elige hablar menos y mirar más, observando lo que la gente dice y hace y cómo se desarrollan las cosas. Ahora bien, este no es un número particularmente afortunado en el sentido de que todos los resultados exitosos que le lleguen probablemente sean el resultado de mucha lucha y tribulación en la primera parte de su vida.

Número 26: Este es un número que está plagado de advertencias sobre el futuro de uno, que le indican que debe estar preparado para posibles problemas, ruina y desastres. Estos problemas suelen ser provocados por las asociaciones en las que se mete, las opiniones de otras personas y los terribles consejos que pueden ofrecerle.

Número 27: Este número se refiere a la idea de estar al mando. Se trata de tener poder y ejercerlo en una posición de autoridad. También indica que obtendrá buenos resultados gracias a su aguda mente y a la creatividad que brota de usted. Le irá mucho mejor ejecutando sus propios planes que haciendo lo que otro le sugiere cuando tiene este número compuesto. Deberá seguir el camino que le es propio.

Número 28: Este es un número interesante con muchas ideas contradictorias. Por ejemplo, encierra un gran potencial de grandeza, pero también sugiere que ese potencial puede apagarse fácilmente a menos que planifique su futuro. También parece indicar que la forma en que puede verse superado por la pérdida es confiando en otras personas, teniendo que competir y lidiando con enemigos a su alrededor. Otros problemas podrían provenir de que la ley no esté de su lado, y siempre existe la posibilidad de que tenga que empezar constantemente una y otra vez.

Número 29: Este no es un buen número en absoluto. Indica un camino lleno de repentinos peligros imprevistos, luchas, amigos en los que simplemente no se puede confiar, mucho por lo que llorar y perder el sueño, ser engañado por los del sexo opuesto, y más.

Número 30: Este número le inspira a ser retrospectivo y a utilizar lo que recoge de su pasado para considerar lo que puede venir en el futuro. Implica que su perspicacia mental está muy por encima de los que le rodean, hasta el punto de que es posible que no considere en absoluto las cosas materiales. Por lo tanto, este no es un número de mala suerte, y tampoco es afortunado. Todo se reduce a la forma en que usted piensa en su vida. Puede ser tan poderosa como usted quiera.

Número 31: Este comparte algunos de los mismos atributos que el número 30, pero la diferencia es que cuando el número influye en usted, es más probable que esté solo en su mayor parte. Tenga en cuenta que no es el mejor número para tener cuando se trata de asuntos del aspecto material de la vida.

Número 32: Este es mágico, similar al número 5, o a todos los números compuestos que suman 5. Si usted es el tipo de persona que puede mantener sus propios pensamientos y reservas originales sobre las cosas, este es un gran número. Sin embargo, si las ideas y opiniones de otras personas le influyen fácilmente, es muy probable que sufra por su insensatez.

Número 33: Por sí solo, este número no tiene ningún poder. Sin embargo, su significado es muy similar al del número 24, y también está relacionado con el número 6.

Número 34: Este número tiene la misma frecuencia que el número 25.

Número 35: Este número significa lo mismo que el 26.

Número 36: Este es el mismo que el 27.

Número 37: Este número tiene su propio poder. Es un número que dice que tendrá una gran fortuna en lo que respecta al amor y la amistad, y que también tendrá mucha suerte con los del sexo opuesto. Cuando este número aparece en términos de pareja, es algo muy bueno.

Número 38: Este tiene el mismo significado que el 29.

Número 39: Este es el mismo que el número 30. Ambos se reducen a un solo dígito, el 3.

Número 40: Este tiene el mismo significado que el 31.

Número 41: Este significa lo mismo que el 32.

Número 42: Es el mismo que el 24.

Número 43: Este número conlleva mucha mala suerte, y su energía tiene que ver con el fracaso y la lucha. También representa la idea del cambio, que lleva a una revisión completa de todo lo que ha conocido. No es un buen número para hacer planes.

Número 44: Este significa lo mismo que el 26.

Número 45: Este es el mismo que el 27.

Número 46: Este es el mismo que el 37.

Número 47: Este es el mismo que el 29.

Número 48: Este es el mismo que el 30.

Número 49: Este lleva la misma frecuencia que el número 31.

Número 50: Este significa lo mismo que el 32.

Número 51: Este es un número poderoso que lleva la energía de ser un guerrero. Le indica que es probable que tenga un rápido progreso en lo que decida hacer, lo cual es algo muy bueno para usted, particularmente si es un líder.

Número 52: Este es el mismo que el 43.

El anterior representa las 52 semanas. Ahora, trabajemos con el simbolismo de estos números dobles y los números simples.

Capítulo 4: Sus números de destino

El número del destino es muy importante en la numerología caldea, y también se conoce como el número de su nombre, porque proviene de su nombre. Es lo que ayuda a la gente a descifrar su carácter, lo que más desea de la vida, lo que le frena y lo que debe hacer para que sus sueños se hagan realidad. En otras palabras, si quiere saber por qué está en este puntito azul, tiene que mirar de cerca su número de destino. Puede que esté teniendo mucho éxito en lo que sea que esté haciendo en este momento, pero eso no significa necesariamente que esté aquí para eso, o puede que no encuentre mucha alegría a pesar de lo bien que le va. Todo lo que tiene que hacer es sumar todos los números que componen cada letra de su nombre. Siga sumando los resultados que obtenga hasta que solo le quede un dígito.

Por qué es importante el número del destino

Necesita conocer este número porque le revelará el camino hacia el éxito, pero también le mostrará exactamente lo que necesita hacer para autorrealizarse en la vida. También le muestra cómo tiende a manejar las circunstancias que se presentan en su vida, ya sean favorables o desfavorables. Aprenderá si es usted el tipo de persona a la que le gusta coger el toro por los cuernos y abordar las cosas de frente o si es más bien el tipo de persona a la que le gusta dejarse llevar por la corriente y ver a dónde le llevan las cosas. El número también le mostrará cómo es su trato con las personas de su vida.

Ahora bien, no siempre es fácil trabajar con su número del destino porque hay veces que lo que usted cree que debería hacer no es lo que su número del destino le pide. Es mejor confiar en él porque es el epítome de lo que su ser superior realmente quiere, y es el camino hacia su grandeza.

Su número de destino frente a su número de nacimiento

Cualquiera que quiera saber quién es realmente haría bien en conocer sus números. Por ejemplo, supongamos que usted nació el 11-10-1973. Cuando sume todos los números de su cumpleaños, obtendrá su número de destino. Así, en este ejemplo, esto es lo que obtendría

$1 + 1 + 1 + 0 + 1 + 9 + 7 + 3 = 23$

$2 + 3 = 5$

Esto implicaría que usted tiene el 5 como número de destino.

Mientras que el número de nacimiento habla del cuerpo y el carácter, el número de destino mostrará lo que probablemente experimentará, cómo se relacionará con los demás y cómo acabará probablemente su vida. Si tiene un número de destino más influyente que su número de nacimiento, eso significa que incluso sus rasgos físicos y su carácter dependerán del número de destino y no del número de nacimiento.

Su número de nacimiento puede revelar cuál es su estatus en la vida y qué es lo que más anhela su corazón, pero el número del destino es el que le permitirá saber hasta dónde puede llegar en la vida y qué suerte le deparará el destino. Sin embargo, esto no significa que deba temer a su destino, ya que puede prosperar incluso dentro de los parámetros establecidos que le ofrece su número del destino. El truco está en asegurarse de que se encuentra en un campo que es más adecuado para usted de lo que está haciendo si no está ya en su camino. Cuando trabaje tanto en un campo que no es el suyo, experimentará muchos obstáculos en su camino. Esto es lo que ocurre a veces con los que se ven constantemente acosados por el fracaso o con los que finalmente lo consiguen después de eones de lucha solo para darse la vuelta y perderlo todo cuando finalmente "lo consiguen".

Número de destino 1

Este número de destino es el que tiene que ver con el liderazgo en todos los aspectos de la vida. Si este es su número de destino, significa que suele ser autosuficiente y que todo lo que hace está impulsado por sus propios pensamientos y deseos y por los de nadie más. No hay nada que le guste más que ir por delante, y lo hace de forma natural. Las personas con este número de destino no se la juegan en su vida profesional, y suelen ser las que lideran el grupo. Lo mismo puede decirse de su vida personal. Son excelentes gestores de personas, por lo que pueden dirigir un negocio sin problemas y tienen todas las habilidades y rasgos de personalidad de un líder poderoso y exitoso. El único problema de este número es que existe la posibilidad de que las personas bajo su influencia estén muy influenciadas por el ego. Esto podría manifestarse de varias maneras, como el egoísmo, la incapacidad de sentir realmente lo que los demás están pasando y ser un poco demasiado duros con los demás que no están tan dotados como ellos. Esto puede hacer que sean unos de los socios más difíciles de tratar.

Cuando se trata de su vida amorosa, tienden a ser la pareja más dominante. En otras palabras, si su pareja también es dominante, puede haber muchos problemas con los que lidiar en esa relación. Esto puede no ser un problema para los que tienen este número del destino porque, para empezar, no les interesa mucho el romance. Esta es solo una razón más por la que les conviene más alguien sumiso y dispuesto a permitirles hacer lo que les plazca, apoyándoles en todo lo que hagan.

Nadie está exento de tener experiencias que conduzcan a cambios dramáticos que puedan llevarnos a nuestro destino. Aquellos que estén bajo la influencia del número destino 1 tendrán que enfrentarse a ciertas circunstancias que les mostrarán lo dispuestos que están a llamar a un poder superior para que les ayude a ser más individuos en todo lo que hagan. Puede que no empiecen siempre siendo tan dominantes y asertivos, pero llegará un momento en el que deban tomar esa decisión en la vida. Al igual que el resto de nosotros, tienen lecciones que el karma debe enseñarles. La lección clave para las personas con este número de destino es que el mundo gira en torno a otras cosas además de ellos mismos. Su última tarea es averiguar cómo pueden seguir siendo líderes e individuos al tiempo que se aseguran de no perjudicar a otras personas en el proceso. Este es un proceso que dura toda la vida y que requerirá mucha creatividad por su parte.

Número de destino 2

Los nacidos bajo la influencia de este número tienden a ser agradables en general. A diferencia del número 1, siempre están dispuestos a trabajar con otras personas y no tienen problemas para someterse. Son los seguidores y socios más excelentes que se puedan pedir. Si este es su número de destino, la idea de cómo puede triunfar en la vida es trabajar con otras personas, al igual que la luna trabaja con la luz del sol.

Las personas con este número de destino suelen ser bastante diplomáticas. Siempre encuentran la forma perfecta de hacer llegar su mensaje sin necesidad de invadir a nadie y sin dejar de conseguir lo que quieren. Son personas naturalmente amables y empáticas que hablan con gracia y son gentiles en todo lo que hacen. Tienen una conexión muy fuerte con su intuición y son increíblemente sensibles a las energías que les rodean. Esta fuerte sensibilidad hace que se opongan a cualquier forma de conflicto y hace que ser agradable sea la opción más fácil para ellos en todo momento.

Porque este tipo de personas siempre están dispuestas a colaborar con los demás, lo que les convierte en los compañeros más cariñosos que pueda tener. En el amor, siempre que se enfrentan a una situación que resulta problemática, tienen la ideología de que es "usted y yo contra el problema" y no "usted contra mí". No les interesa ganar a toda costa, sino que están más interesados en crear situaciones en las que todos salgan ganando. Esta es una de las muchas razones por las que, para los números 2, sus relaciones tienden a durar mucho tiempo. Ya sea en los negocios o en su vida amorosa, se aseguran de que los cimientos de las relaciones que crean sean muy sólidos.

Los 2 pueden ser personas muy cariñosas. Si quiere a alguien que le nutra por lo que esté pasando y que siempre le demuestre que le importa sin juegos mentales innecesarios, esta es la persona que quiere tener a su lado. Sin embargo, debe tener en cuenta que suelen sentirse atraídos por quienes son más dominantes. Este tipo de equilibrio es lo que hace que sus relaciones funcionen a largo plazo, siempre que la persona dominante no se aproveche de la sumisión del número 2. Si este número del destino le influye, lo mejor es que esté con una pareja que aprecie su apoyo y no se aproveche de su bondad.

Como persona del número 2, usted es muy espiritual e intuitivo, y también se aficiona con bastante facilidad a los asuntos esotéricos. Lo más probable es que tenga unas capacidades psíquicas muy fuertes. Por lo general, usted ha sido bendecido con este don porque no es el mejor para ser dominante. Por eso, le resulta mucho más útil detectar cuándo las personas son tóxicas desde el punto de vista espiritual para no dejarse arrastrar por sus tonterías a causa de lo dominantes que son. Es muy posible que no siempre estuviera en contacto con sus habilidades psíquicas en su vida pasada, lo que le llevó a tener tantos problemas. Por eso, en esta ocasión, le resulta absolutamente imposible ignorarlas cuando lo divino le habla.

Le iría extraordinariamente bien en carreras que impliquen espiritualidad y asesoramiento. Cualquier cosa que implique ayudar a la gente o expresarse artísticamente también es una buena opción. Sea cual sea su elección, el hecho es que todo lo que haga tocará a la gente de una manera muy profunda.

Número de destino 3

Este número está fuertemente relacionado con la creatividad. Cuando se junta la fuerza de los dos anteriores, lo que se obtiene es la energía de este número de destino. En otras palabras, la luz y la oscuridad juntas harán nacer una creatividad sin igual. La influencia de Júpiter en este número significa que aquellos que están controlados por este número pueden crear algo magnífico trabajando con las fuerzas primordiales de la vida.

El destino 3 está relacionado con la creatividad
https://pixabay.com/es/photos/pintura-maquillaje-ni%C3%B1a-2985569/

Lo interesante de las personas nacidas bajo el número 3 es que suelen ser realmente radiantes en persona. Si pudiera echar un vistazo a sus mentes, las encontraría llenas de ideas brillantes. Son tan alegres como inteligentes. Si este es usted, no tiene ningún problema para expresar sus pensamientos reales, y tiene mucha confianza en sí mismo en todo lo que hace. Es usted un aprendiz muy ávido y, sea lo que sea lo que esté consumiendo, no es difícil que la información se le quede grabada. Debido a esta capacidad de aprendizaje, usted es muy creativo y artístico. Los números 3 suelen tener bastante sentido del humor. Son algunos de los mejores escritores y músicos. También podrían dedicarse al arte si lo desean. Realmente no hay límite para las diferentes formas en las que pueden trabajar con sus dones.

Cuando se trata de asuntos del corazón, este número no tiene problemas para atraer a la gente. Todo el mundo los quiere y desea estar cerca de ellos. Tienen un fino equilibrio entre la dominación y la sumisión, y saben bailar de un lado a otro entre ambas para permitir la paz, el amor y la comprensión en sus relaciones. Si este es su caso, la única razón por la que se relaciona con otras personas es simplemente por el puro placer de conectar con los demás. Sin embargo, no tiene reparos en apretar el gatillo y terminar las cosas rápidamente si nota que no está siendo honrado en la relación.

Haber nacido bajo la influencia de este número significa que a veces tiene que lidiar con un poco de lucha. Es el eterno dilema del artista hambriento. Su trabajo consiste en confiar en que su yo superior conoce bien el plan que ha trazado para usted y que funcionará maravillosamente siempre que responda a su llamada.

Número de destino 4

Los nacidos bajo la influencia de este número suelen ser las personas más prácticas, y nunca se les podrá acusar de no ser muy trabajadores. El cuatro es el número de la productividad. Por lo tanto, no hay nada que estas personas hagan mejor que conseguir que se hagan las cosas. Este número también representa la idea de finalización. Es un número que representa la importancia de mantener una estructura adecuada y ordenar todo correctamente para que el mundo no descienda al caos o permanezca en él durante demasiado tiempo.

Si ha nacido bajo la influencia de este número, es probable que su mente esté más preocupada por las cuestiones materiales. Esto puede ser algo increíblemente bueno para usted, especialmente en su carrera. Lo más probable es que tenga una cantidad significativa de poder en su negocio. Su energía es similar a la del destino número uno en este sentido, por lo que tiende a ocupar puestos directivos, o al menos prosperaría si estuviera al mando. Es usted el tipo de persona a la que no le importa enfadar a algunas personas de vez en cuando si eso significa que va a hacer el trabajo.

Su pasión por el amor puede extenderse a su vida personal y romántica. Si tiene pareja, su preocupación será lo que ocurra en el trabajo más que lo que ocurra en casa. Cuando comparta algún tipo de conexión emocional con alguien, será en el trabajo. Esto podría dificultar la construcción de algo que dure toda la vida. Puede notar que se siente atraído por aquellos que tienen el destino número 1.

Su reto es asegurarse de que no le consume el materialismo. Esto es especialmente así si tiene un número de impulso del alma que indica que tiene un propósito mucho más amplio que cumplir aquí en esta encarnación. Debe darse cuenta de que la única razón por la que busca cosas materiales es porque cree que al conseguirlas será feliz. Sin embargo, con el tiempo suficiente, llegará a descubrir que la vida es mucho más que lo material, y que ir más allá de esto es donde reside su verdadera alegría.

Número de destino 5

El número 5 indica que hay desorden o caos en el horizonte. También significa que usted es bastante libre y abierto. Sin embargo, esta misma libertad puede ser bastante destructiva para sus planes y objetivos a largo plazo si no ejerce un mayor control sobre ella.

Los nacidos bajo el 5 se aventuran a hacer algo que dé sentido a su vida. Estas personas tienen un fuerte sistema de creencias y tienden a ser muy idealistas sobre cómo ven que debe ser el mundo. Su carácter solidario está formado por una perspectiva brillante y positiva que les hace ser excelentes para motivar a los demás a su alrededor o animarlos a hacer cosas.

La trayectoria vital de un número 5 está llena de aventuras. Suelen ser personas que viven el momento y que harán algo completamente nuevo o irán al extremo simplemente porque se aburren. Mientras se diviertan haciéndolo, no tendrán ningún problema en aventurarse o probar algo que pueda parecer absolutamente ridículo.

El reto para cualquier persona nacida bajo este número es mantener la cabeza fría antes de pasar a la acción. Tiene que asegurarse de que sabe exactamente cuál es el propósito de su vida aquí y ahora, y tiene que adherirse estrictamente a esta idea. Cuando se resiste a las voces de la razón, puede caer en problemas. Tiene que darse cuenta de que cuando corre riesgos innecesarios y toma decisiones precipitadas por aburrimiento, puede hacerse daño a sí mismo o a los demás. En realidad, no es culpa suya porque esto es lo que usted es y lo que está destinado a ser. La mejor manera de estar a la altura de su verdadero potencial es asegurarse de que un sabio mentor le guíe en su vida.

Número de destino 6

A las personas nacidas con el número de destino 6 les gusta tener el control, y por una buena razón. Este es el más agresivo de los números, y ello se debe a que representa la confrontación. Su reto con este número es asegurarse de no provocar a las mismas personas a las que quiere ayudar al intentar hacer algo en su vida que les resulte difícil de aceptar.

Definitivamente va a ser un líder cuando llegue el momento, y puede ser una influencia bastante beneficiosa para los demás por ello. Sin embargo, debe tener cuidado de no enredarse tanto en el poder porque, en poco tiempo, no sabrá cómo compartir con los demás e identificar quién necesita su ayuda.

Siempre es una buena idea tener en cuenta que usted tiene un número de tendencia del alma que le dice que está destinado a defender los asuntos más importantes de la actualidad. Si decide ignorar esto, lo más probable es que su vida no sea tan satisfactoria como podría haber sido de otro modo. Por ejemplo, si decide no ayudar a la gente porque no sigue sus ideales, solo se estará perjudicando a sí mismo. Su verdadero reto es encontrar un equilibrio entre ayudar a mucha gente y trabajar para cambiar el mundo a mejor por cualquier medio.

Número de destino 7

Las personas con el número de destino 7 están muy relacionadas con la familia y la tradición. Al igual que el 5, el 7 representa la idea del destino, lo que significa que es probable que usted tenga un fuerte legado que mantener, o al menos continuar. Su familia es muy importante para usted y valora su aportación. Si no son ellos, es su religión o su comunidad.

Las personas con el número de destino 7 son grandes padres porque creen en todo lo que los niños deciden hacer en sus vidas. Estará ahí para ellos en las buenas y en las malas, pase lo que pase, incluso si eso significa que tiene que sacrificar un poco de sí mismo al final del día. El número 7 es muy diferente y único porque representa que usted es a la vez un líder y también el solitario del grupo. Esto puede hacer que se sienta como si flotara entre dos mundos.

Usted tiene fuertes cualidades de liderazgo, pero al mismo tiempo se siente atraído por quienes se inclinan por una *estética más de libertad* en sus vidas. También le atraen las personas que tienen grandes ideas y poderosas creencias que les apasionan. Esto puede convertirle en una especie de idealista, y como alguien que quiere ayudar a los demás a encontrar un sentido a sus vidas o que quiere vivir su propio propósito, no encuentra ningún igual en este mundo.

Para usted, el reto que presenta este número es llevar a cabo las ideas tan fuertes que tiene. Puede ser difícil a veces, pero si se mantiene firme y encuentra la manera de que los demás le acompañen, al final puede valer la pena.

Número de destino 8

Las personas con el número de destino 8 tienen todo el poder del amor y, en cierto modo, esto puede ser un poco una maldición para ellos. Esto es especialmente cierto si tienen un lado aventurero que les gustaría realizar, como el 5 o el 6. Estas personas tienden a ser muy libres de espíritu en sus años de juventud, pero suelen empezar a volverse más serias a medida que envejecen.

Las personas bajo este número tienden a tomarse muy en serio sus relaciones, ya sean positivas o negativas. Su relación consigo mismo también es importante porque les ayuda a determinar cuánta fe tendrán en sus juicios personales a la hora de tomar decisiones a lo largo de la vida. Si tienen suerte, tendrán un gran equilibrio entre esto y serán capaces de tomar las decisiones correctas pase lo que pase.

El reto que se le presenta como número 8 es asegurarse de no dejar que sus relaciones con otras personas tengan un impacto tan grande en su vida. Tiene mucho poder en sus manos y no debe tomar una decisión equivocada simplemente porque afectará a las cosas con los demás. Debe mantenerse fiel a sí mismo y no dejar que los demás le dirijan en ninguna dirección, aunque esto signifique asumir algunos riesgos.

El número 8 representa un enfoque más espiritual en el que usted se centra en utilizar sus propios poderes y habilidades. También se centra en defender aquello en lo que cree y su propósito personal en la vida. Esto puede hacer que el mundo que le rodea le parezca extraño a veces porque no siempre está claro lo que significan las cosas o cómo podrían funcionar. Probablemente tenga una idea clara del tipo de cosas que busca, pero puede que aún no esté demasiado seguro de todos los detalles de su vida. En lugar de distraerse con las opiniones o los consejos de los demás, es mucho mejor que se centre en lo que le ayuda a crecer.

Capítulo 5: El número del deseo de su corazón

El número del deseo de su corazón también se conoce como el número del impulso de su alma, y es el número que le permite saber qué es lo que más desea en la vida. Para calcularlo, lo único que tiene que hacer es sumar todas las vocales de su nombre, presente o dado. Por ejemplo, digamos que su nombre es Jennifer Wallace. Sumaría los valores numéricos de las siguientes letras: E, I, E, A, A y E. Estas son las matemáticas

1 + 5 + 1 + 1 + 5 = 13
1 + 3 = 4

Por lo tanto, su impulso del alma o número del deseo del corazón es el 4. Echemos un vistazo al significado de cada número.

El deseo del corazón número 1

El 1 es el más personal de todos los números. Es el número de la sabiduría y el conocimiento. La persona con el número uno suele ser la más estudiosa o la más orientada a los negocios, y le encantan los conocimientos teóricos que pueden aplicarse a la resolución de problemas prácticos. El deseo del corazón de esta persona es la sed de conocimiento y comprensión. Su objetivo en la vida puede ser acumular tanta información como sea posible o tomar todo lo que saben y utilizarlo de forma creativa para alcanzar el éxito.

Se sabe que el deseo del corazón 1 es muy intelectual
https://pixabay.com/es/photos/vasos-libro-educaci%C3%B3n-los-anteojos-1052010/

Los nacidos bajo la influencia de este número son algunas de las personas más auténticas que conocerá, y también son ferozmente independientes. Nada le apetece más que tomar la iniciativa o ser el primero en explorar nuevos terrenos. Cuando trabaja con su número del deseo del corazón, es más bien ambicioso hasta el punto de querer mantener una correa apretada en todo y en todos, y puede ser todo un capataz, centrado singularmente en lo que haya decidido que es importante. No desea nada más que los logros y el éxito en la vida.

Es usted un asombroso triunfador, y puede ser una verdadera potencia cuando se propone algo. Es importante tener en cuenta que su número del deseo del corazón tenderá a hacer que los demás a su alrededor duden de sus propios sueños; utilice esta influencia con suavidad y cuidado. Usted sabe lo que su corazón desea y no se detendrá ante nada para tenerlo. Esto no siempre es lo mejor, ya que puede causar a otros en su vida una gran angustia. Si realmente se esfuerza por conseguir lo que quiere, entonces no perjudicará a otro para conseguirlo. A veces, el hecho de que otra persona no entienda lo que nos hace felices no significa que no merezca nuestro respeto.

El deseo del corazón número 2

El 2 es totalmente opuesto al número 1. Se ocupa de las relaciones y del trabajo en equipo. El 2 es altamente adaptable y muy personal. Este individuo es extremadamente sociable y siempre busca la forma de estar con los demás. Les encanta aprender de los que les rodean y no desean otra cosa que sentirse verdaderamente conectados con las personas que les rodean en todo momento. Como sus deseos se basan en las necesidades de los demás, deben centrarse en lo más importante de la vida: los demás. Si el deseo de su corazón es tener una relación exitosa o grandes conexiones con la comunidad, este número le ayudará a alcanzar esos objetivos al ayudarle a entender lo que hace que los demás se sientan bien.

La persona del número 2 suele ser un verdadero artista. Son muy expresivos y siempre encantadores. El deseo del corazón de esta persona es también ser admirada y adorada por los demás. Quieren saber que son amados y apreciados por quienes les rodean. Les encanta repartir luz y calor allá donde van, y su influencia es contagiosa. La gente tiende a ser muy aficionada a la segunda persona, probablemente porque su cálida sonrisa crea una fuerte vibración positiva que atrae a los demás de forma natural.

Quienes estén bajo la influencia de este número tendrán una capacidad natural para sacar lo mejor de la gente. Esta alma generosa y cariñosa nunca duda en hacer que se sienta bien consigo mismo, incluso si necesita un poco de reafirmación. Usted tiende a ser caritativo y gentil con su tiempo y dinero, valorando el amor y la seguridad por encima de las posesiones materiales. Puede inclinarse por ayudar a los necesitados, ya sean extraños o familiares. Tiene un gran corazón y siempre está interesado en escuchar lo que los demás tienen que decir; debe aprender a escuchar bien antes de hablar para no ofender a nadie sin querer. Es usted un pacificador natural y suele ver los dos lados de una discusión o situación.

El deseo del corazón número 3

Si tiene un deseo del corazón número 3, es usted un vendedor nato y tiene el don de la palabra. Es usted excelente para establecer contactos y redes, pero puede que se centre en eso en lugar de en sus propias necesidades. Sus mayores puntos fuertes son su inteligencia, carisma, visión artística e intuición. Tendrá que ser más realista con sus objetivos y no centrarse siempre en lo que los demás quieren de usted. No hay nada que le guste más que el trabajo en equipo y es importante para usted que se le permita expresarse, especialmente por escrito. Es un animador nato y siempre será el centro de atención.

Es usted imaginativo y disfruta persiguiendo objetivos que se basan únicamente en su imaginación y no en la realidad. A veces, esto puede hacer que descuide sus propias necesidades. El deseo del corazón de esta persona es una vida llena de aventuras, viajes y diversión. Esta persona es extremadamente creativa, ya que tiene tanto aptitudes artísticas como habilidad para los negocios. Es probable que tenga mucho éxito a la hora de conseguir que los demás se sumen a sus planes, ya que puede utilizar su carisma natural para salirse con la suya en todo tipo de situaciones. Esta alma generosa no dudará en ayudar a alguien que lo necesite.

El 3 tiene un talento natural cuando se trata de entablar una conversación. Tienen un don para atraer a los demás y hacer que se sientan lo suficientemente cómodos como para compartir sus pensamientos más profundos. Es la persona perfecta a la que acudir en un momento de crisis; están más que dispuestos a escuchar y a proporcionar el apoyo necesario. Tenga cuidado de no aprovecharse de su amabilidad natural, ya que a veces pueden ser bastante crédulos y pueden creer lo que oyen sin cuestionar su validez. Las personas nacidas bajo este número deben centrarse en manejar los problemas de frente en lugar de simplemente ignorarlos o dejarlos de lado con halagos o charlas triviales.

El deseo del corazón número 4

El número 4 es capaz de lograr grandes cosas. Tienen mucho potencial, por lo que a este número le encanta probar cosas nuevas y aprender más sobre su entorno. Si usted es el deseo del corazón número 4, es audaz y contundente con su punto de vista. Puede ser un poco demasiado directo a veces, pero lo compensará con su mente aguda y su capacidad de apoyo. A medida que se desarrollan, usted gravita hacia diferentes áreas de la vida y disfruta siendo metódico con la forma de abordar cada una de ellas.

Los números 4 son ambiciosos, trabajadores e inteligentes, lo que les ayuda a alcanzar un gran éxito en la carrera que han elegido. Son muy detallistas y organizados, pero a veces pueden tener problemas con su propia autoestima y confianza. Son trabajadores muy cualificados que ponen todo su empeño en conseguir sus objetivos. Esta persona es una idealista y una soñadora, lo que es a la vez una bendición y una maldición.

Como no siempre miran los hechos con realismo, tienden a decepcionarse cuando las cosas no salen como las habían planeado. El número cuatro del deseo del corazón se centra en el arte, la excelencia en el trabajo y los logros en la vida.

Tiene tendencia a ser demasiado crítico consigo mismo, por lo que es posible que tenga que trabajar para aceptarse tal y como es. Las personas con este número tienden a ser perfeccionistas que se esfuerzan por alcanzar la excelencia en todo lo que hacen. Deben sonreír más a menudo; se trata de un alma cariñosa, y las cosas más pequeñas tienden a darles alegría. Son muy leales y dedicados, lo que los convierte en empleados valiosos. Un deseo del corazón de número 4 indica que esta persona prospera en situaciones en las que trabaja junto a otros hacia un objetivo común. Esta persona pretende ser pragmática en todos sus caminos, y a veces puede llevar el perfeccionismo al extremo. Si este es su caso, su máximo deseo es la estabilidad en la vida.

El deseo del corazón número 5

El 5 aporta el don del entusiasmo. Son almas bondadosas y compasivas a las que les encanta ayudar a los que les rodean. La gente tiende a tratarlos con respeto y admiración, ya que son fiables y honestos. Su entusiasmo puede ser contagioso y anima a los demás a dar lo mejor de sí mismos. Tiene talento para comunicarse con pasión y entusiasmo, lo que le convierte en un gran orador o escritor.

El deseo del corazón número 5 suele ser muy optimista respecto a su futuro, lo que le convierte en un excelente orador o preparador de oradores porque sabe exactamente qué decir en cada momento para captar la atención. Suelen ser muy creativos, aunque a veces sus ideas creativas pueden chocar con la realidad, sobre la que el ego tiene mucho poder a veces. Para decepción de muchos, no suelen aprender de sus errores y tienden a repetirlos (lo que no es del todo malo, ya que a menudo conduce a otra idea creativa). El deseo del corazón del 5 consiste en estar a gusto consigo mismo y con los demás.

Tiene mucho potencial; debe dedicar más tiempo a considerar cómo puede poner en práctica sus habilidades. El 5 indica que esta persona es más feliz en situaciones en las que trabaja junto a otros para conseguir un objetivo o una misión. Son fácilmente capaces de motivar a quienes les rodean, lo que les convierte en líderes de éxito en cualquier profesión.

A esta alma generosa le encanta ayudar a los que le rodean, especialmente en tiempos de necesidad.

El deseo del corazón número 6

El 6 es una persona hogareña y se contenta con las cosas sencillas de la vida. Le gusta estar rodeado de gente, pero puede apegarse demasiado a los detalles de su entorno. Suelen ser muy relajados, lo que les permite mantener la calma incluso bajo presión. Estos 6 tienden a ser tímidos a la hora de compartir sus secretos, pero saben escuchar y siempre agradecen la oportunidad de ayudar a alguien que lo necesite. Es posible que tenga un profundo miedo a fracasar o a defraudar a los demás; es importante que afronte estos miedos de frente en lugar de evitarlos por completo.

El deseo del corazón número 6 suele ser muy cariñoso. Tienen un don para hacer que los demás se sientan especiales, y siempre buscan ayudar cuando pueden. El número 6 está muy anclado en la realidad, lo que les convierte en excelentes organizadores y planificadores. Suelen tener conocimientos en el campo de trabajo que han elegido, lo que les permite brillar de verdad. Son sinceros y honestos, lo que los ha llevado a ganarse el respeto de muchos con su capacidad natural para ayudar a los demás.

Suelen ser muy organizados y prácticos, lo que les hace ser excelentes delegando tareas a quienes les rodean. También son honestos y directos, lo que les facilita relacionarse con los demás en el ámbito profesional y personal. El deseo del corazón número 6 quiere ayudar a los demás a alcanzar sus sueños, proporcionándoles apoyo en todo lo que puedan.

El deseo del corazón Número 7

El número 7 es natural para las artes y las humanidades. Son individuos inteligentes y reflexivos a los que les encanta arriesgarse con su trabajo. Se trata de un alma muy filosófica que puede hablar durante horas sobre los diversos entresijos de la vida. Tienen mucha creatividad e ingenio, pero a veces pueden luchar con sus propias dudas y sentimientos de inadecuación. Suelen tener mucho más éxito cuando dejan que otros tomen la iniciativa en ocasiones, ya que pueden estar demasiado distraídos por sus propios pensamientos para prestar atención a lo que más importa.

El deseo del corazón número 7 suele ser muy afectuoso y encantador. Esta persona odia estar sola; dicho esto, debe mantener su mente errante bajo control porque a veces la aleja del momento presente en lugar de centrarse en lo que más importa en la vida. Suele ser muy optimista sobre el futuro, lo que le convierte en un excelente líder, pero solo si puede mantener sus pensamientos organizados.

Puede que la vida no sea perfecta, pero sigue siendo bastante buena para alguien con su número. El 7 indica que esta persona es más feliz en situaciones en las que trabaja en un proyecto creativo o filosófico junto a otras personas que comparten su interés por las artes y las humanidades. Se trata de un alma idealista que siempre busca nuevas aventuras y nuevos enfoques de la vida. Les encanta desafiarse a sí mismos, lo que les diferencia de muchos de sus compañeros. El deseo del corazón número 7 se nutre de la autoexpresión y se esfuerza por seguir sus pasiones.

El deseo del corazón número 8

Los número 8 suelen considerarse muy entusiastas y espontáneos, pero también necesitan tiempo a solas para recargar las pilas. Suelen ser muy capaces de tomar buenas decisiones por sí mismos, pero no siempre se toman el tiempo necesario para considerar el panorama general, porque tienden a enfrascarse en su propio mundo. El número 8 es muy intuitivo y empático, y son un excelente juez del carácter. Esta persona admira a los líderes fuertes y se esfuerza por ser ella misma el líder ideal.

El deseo del corazón número 8 tiene que ver con la paz interior. El número 8 es una excelente elección para los propietarios de negocios, los inversores o los empresarios. Son grandes líderes y tienen un enfoque muy lógico de la vida. Les encanta estar al mando, pero a menudo subestiman el valor del trabajo en equipo. El ego tiene mucho poder sobre esta persona, lo que puede hacer que se ponga a la defensiva en ocasiones. Por otro lado, son muy leales y se dedican a los que más quieren, lo que les convierte en una de las almas más cariñosas y generosas que pueda conocer.

El deseo del corazón número 8 suele ser muy sabio y maduro para su edad. Esta persona tan creativa entiende que no todas sus ideas funcionarán a la primera. Son únicos y pueden coger a la gente por sorpresa, lo que les convierte en un gran animador. El número 8 tiende a luchar cuando se trata de aceptar y admirar a los demás, por lo que debe aprender a tener más confianza en sus capacidades. El ego también puede hacer que esta persona sea demasiado sensible en ocasiones, lo que le lleva a tener celos o enfados innecesarios.

Cómo interpretar los números compuestos

Volvamos a nuestro ejemplo con el nombre de Jennifer Wallace. Tenemos el número compuesto 13 y el deseo del corazón número 4. ¿Cómo se combinan ambas interpretaciones? Remitámonos a lo que dijimos sobre la energía del número 13. El número compuesto representa el cambio a través de la destrucción que permite que le lleguen cosas nuevas y mejores si adopta una perspectiva positiva.

Mientras tanto, el impulso de su alma, el número 4, dice que usted es el tipo de persona práctica y realista. ¿Qué significa esto para usted? Significa que necesita encontrar algún tipo de equilibrio entre ser rígido y flexible. La cuestión es que el cambio es inevitable, y si se niega a ser flexible ante él, los vientos no solo le doblegarán, sino que le romperán, y eso le llevará al caos y la destrucción totales. Así pues, su trabajo consiste en aprender a dejar entrar lo nuevo sabiendo cuándo mantenerse firme. Debe aprender a mantenerse firme frente a cuándo dejar que lo divino se haga cargo y confiar en que la agitación que hace que todos sus planes se desmoronen le llevará a una hermosa conclusión. Así pues, practique con otros nombres y vea cómo puede integrar los significados e implicaciones de las combinaciones de los números compuestos y los números del deseo del corazón de aquellos que conoce y ama, y compruebe la precisión con la que interpreta sus cartas.

Capítulo 6: Su número de perfil de personalidad

Su número de perfil de personalidad, o simplemente número de personalidad, es un número formado por un solo dígito que resulta de todas las consonantes de su nombre de nacimiento o nombre asignado. Debe tener en cuenta todas las consonantes de su nombre, segundo nombre y apellido para que esto sea exacto. Este número le ayuda a darse cuenta exactamente del tipo de energía que está poniendo ahí fuera, y llegará a comprender por qué las cosas funcionan maravillosamente con algunas personas mientras que se desmoronan con otras. Junto con los demás números de su carta numerológica, este constituye una parte vital de los cimientos de su espíritu y de cómo piensa expresarse en este mundo.

Supongamos que su nombre completo es Jennifer Amethyst Wallace. Solo nos interesarían los valores de las siguientes letras: J, N, N, F, R, M, T, H, S, T, W, L, C. Aquí están las matemáticas:

$1 + 5 + 5 + 8 + 2 + 4 + 4 + 5 + 3 + 4 + 6 + 3 + 3 + 3 = 56$

$5 + 6 = 11$

$1 + 1 = 2$

Recuerde que, si obtiene una cifra doble, tiene que reducirla a una sola. Echemos un vistazo a los distintos números del perfil de personalidad y lo que significan. (Tenga en cuenta que no hemos incluido la Y en el cálculo porque, en este caso, sirve de vocal y no de consonante).

Número de personalidad 1

La personalidad 1 es ambiciosa pero centrada y se esfuerza por alcanzar lo que se propone sin concesiones. También están muy decididos a alcanzar sus objetivos y el éxito. Su orgullo puede ser fácilmente herido cuando son molestados por otros. El número 1 también tiene un talento natural para el liderazgo y para detectar el potencial de otros que se pasan por alto. Tienen un sentido inherente del deber de triunfar cuando sea necesario porque es para lo que fueron puestos en la Tierra. Suelen ser muy encantadores y tienen una presencia imponente en cualquier habitación. Son personas muy personales y tienen muchos amigos.

La personalidad 1 tiene potencial de liderazgo
https://pixabay.com/es/photos/ajedrez-juego-estrategia-3325010/

A los 1 les gusta tomar el mando y también defenderse cuando es necesario. Les encantan los retos y las aventuras, intentando ver hasta dónde pueden llegar con ellos. El número 1 también es muy creativo y le gusta "arreglar" las cosas que le rodean. Puede tratarse de algo pequeño que necesite ser arreglado o de un motor roto en el último modelo de su auto, lo que los entusiasma porque les gusta resolver los problemas a tiempo. Les gusta mantener a la gente adivinando, y si no pueden averiguar qué está pasando, señalarán con el dedo o culparán a otra persona.

Sin embargo, hay ocasiones en las que admiten que pueden no tener ni idea de cómo funciona algo y, por lo tanto, puede hacer que los demás se sientan incómodos a su alrededor porque todo el mundo sabe que, si alguien sabe lo que hay que hacer, deberían ser ellos. Les gusta dejar que las llamadas vengan a ellos en lugar de ponerse en contacto con alguien primero. Los 1 también son personas muy leales y se mantendrán firmes en una decisión durante mucho tiempo antes de cambiar de opinión sobre un asunto. Son fiables y dignos de confianza, por lo que muchas personas quieren trabajar con ellos como compañeros de vida. Los 1 también tienden a ser personas positivas y siempre desean lo mejor para los demás en cualquier situación que se presente.

Tampoco temen la confrontación si es necesario y siempre dirán la verdad a la gente, independientemente de cómo pueda ser recibida. La personalidad número 1 también es muy persuasiva. Tiene una forma elocuente con las palabras, incluso es capaz de salirse con la suya de situaciones que de otro modo podrían haber acabado en un desastre. El enfoque de tener éxito juega un papel importante en lo que hacen; les gusta ver el mejor resultado posible, lo que hace que su jornada laboral sea productiva en lugar de aburrida o monótona si tienen que realizar tareas repetitivas cada día.

El número 1 también es un experto en finanzas y puede ganar dinero rápidamente. También son extremadamente trabajadores y ponen todo el empeño necesario para realizar su trabajo. A veces los 1 pueden ser personas egocéntricas y necesitan aprender a preocuparse por los demás más que por ellos mismos. El dinero es importante porque los 1 sienten que es igual al éxito. A veces también se sienten solos o aislados de todos los que les rodean, y necesitan a alguien en su vida con quien compartir sus secretos.

Les gusta controlar muchas cosas en su vida, lo que puede dificultarles cuando están rodeados de otras personas que intentan influir en ellos de alguna manera. Las personas nacidas con este número de personalidad también quieren ser admiradas por los demás e intentarán realizar todas las tareas posibles que les permitan obtener la atención que necesitan y merecen. Al número 1 no les gusta el drama ni la confrontación, pero hay veces que pueden enfadarse rápidamente debido a su orgullo. Necesitan tanto la admiración que esto puede causarles algunos problemas si no la reciben con suficiente frecuencia.

Número de personalidad 2

La personalidad 2 es muy compasiva, cariñosa y amable con los demás. Tienen varias buenas cualidades, como ser dignos de confianza y ser siempre leales a su familia. Los 2 también son creativos, artísticos y saben inspirar a los demás con ideas ingeniosas para mejorar lo que hacen. Quizá los números 2 de la personalidad sean de los más adaptables del mundo. Se llevan bien con todo el mundo y no experimentan conflictos en ninguna relación, y pueden dejar de lado sus propias necesidades para ayudar a mejorar la situación de otra persona.

Los 2 también son muy divertidos, tienen un ingenio rápido y posiblemente cuenten los mejores chistes. Son detectives, capaces de ver algo que a otras personas se les escapa, y son un gran recurso cuando se trata de detectar algo malo o sospechoso. Dan consejos basados en la situación que han visto, y a todo el mundo le encanta escuchar lo que tienen que decir. A la gente también le encantan sus elogios, y los 2 suelen ser conocidos como personas alentadoras, solidarias, que se preocupan por las situaciones de los demás y que están dispuestas a dar buenos consejos.

El rasgo de ser un gran oyente también ayuda en este caso porque la mayoría de los 2 pueden seguir el ritmo de lo que se está hablando sin ningún problema. Son personas muy decididas y son excelentes líderes por su capacidad natural de compasión hacia los demás. Los 2 también pueden ser muy diplomáticos y siempre quieren obtener el mejor resultado posible con sus palabras y acciones. Están muy decididos a triunfar porque tienen la pasión y el impulso necesarios para hacerlo.

Los 2 a menudo ponen sus necesidades en segundo lugar para ayudar a otra persona, lo que puede ser un gran problema cuando la gente los ve como desinteresados debido a esto. A veces pueden no querer que la gente esté a su alrededor durante largos periodos de tiempo debido a su deseo de permanecer solos de vez en cuando. A menudo guardarán secretos a los demás porque sienten que nadie necesita saber lo mucho que se preocupan por las personas que les rodean.

A los 2 les gusta ayudar a los demás y lo hacen con entusiasmo, pero a veces su sentido de la compasión por los demás puede hacer que se sientan incómodos al tratar con las necesidades de otras personas. A este número de personalidad le toma mucho esfuerzo conseguir que los demás se sientan bien consigo mismos y con la forma en que están haciendo las cosas. Esto puede ser algo bueno porque los 2 son personas extremadamente leales y se quedan con sus amigos en las buenas y en las malas para asegurarse de que siempre tengan el mayor éxito posible.

Las personas nacidas con este número son muy creativas a la hora de encontrar nuevas formas de hacer las cosas o de mejorar lo que ya se hace a su alrededor. Les gusta ayudar a los demás con sus problemas, pero no a menos que se lo pidan. Las personalidades 2, cuando no están involucradas en ninguna sociedad, deben tener en cuenta a los demás, les encanta tener el control de todo en sus vidas y ser muy mandonas a veces. Esto puede hacerles parecer muy egocéntricos, pero en realidad es una parte de lo que son y de lo que les hace especiales.

Número de personalidad 3

La personalidad del número 3 son emprendedores natos, siempre quieren mejorar lo que ya existe. Pueden crear algo nuevo a partir de algo que existe desde hace tiempo (piense en Internet o en la rueda). Siempre querrán cambiar su vida, hacer las cosas de forma diferente y encontrar la manera de hacerlo. Pueden ser creativos y tener ideas originales, a menudo ven las posibilidades en todo, desde el más simple de los objetos hasta una conversación común.

Los 3 tienen mucha confianza en lo que se hace o se crea a su alrededor. La gente suele describir a los 3 como personas audaces o asertivas porque se les da muy bien conseguir lo que quieren de la vida sin ningún problema. Pueden tomar decisiones rápidas cuando es necesario y no siempre piensan en lo que otras personas podrían necesitar antes de decidir. Esto puede meterlos en problemas a veces porque los 3 pueden actuar sin pensar en todas las consecuencias que podrían derivarse de sus acciones.

Pueden persuadir a los demás y suelen ser conocidos como personas que disfrutan rodeándose de otros como ellos. Son buenos líderes, pero solo en grupos en los que pueden ser el centro de atención porque necesitan la aprobación de los demás para sentirse bien consigo mismos. La aprobación y la admiración de otras personas son extremadamente importantes para los números 3 de la personalidad, lo que a veces puede hacerles parecer que solo se preocupan por sí mismos.

Pero en realidad, esto no es cierto en absoluto porque los 3 se preocupan mucho por los demás y quieren estar ahí para ellos siempre que sea posible, pero solo quieren ser admirados por todos los que les rodean para poder sentirse bien consigo mismos también. Son personas muy creativas y les gusta poder expresarse de cualquier manera posible.

También les encanta estar rodeados de otras personas de las que pueden aprender mientras ayudan a otros con sus proyectos. Cuanta más admiración reciban de otras personas, mejor, y aquí es donde la personalidad número 3 realmente brilla. Están llenos de energía y les encanta estar rodeados de otras personas que parece que pueden seguir sin parar hasta conseguir lo que quieren. A los 3 les gusta ayudar a otras personas porque les hace sentirse bien consigo mismos. Suelen saber cómo crear un entorno positivo que inspire grandeza a quienes les rodean.

Los 3 son personas que suelen querer saber exactamente cómo se hacen las cosas. Introspectivos, quieren conocer sus propios puntos fuertes y débiles para tener éxito en lo que hagan a continuación. Nunca dirán a nadie que algo es imposible para ellos o que no pueden hacer que algo funcione porque ven las posibilidades dentro de todo lo que les rodea. La gente también tiende a decir que las personalidades 3 son muy extrovertidas, pero en realidad, son personas muy privadas.

Número de personalidad 4

Los 4 son extremadamente competitivos y ambiciosos, siempre quieren ser los mejores. Les encanta ser fuertes y tener poder sobre los demás, por lo que a veces pueden parecer muy dominantes o incluso duros. Su poder proviene de hacer que los demás quieran seguirles y hacer lo que ellos dicen debido a su personalidad número 4.

Las personalidades 4 suelen tener un deseo muy fuerte de poder en todo lo que hacen en la vida. Se dan cuenta de que la mejor manera de tener éxito es que los demás también quieran lo mejor para ellos, lo que a veces puede hacer que a la gente no le gusten los números de personalidad 4 porque parecen muy ensimismados.

Tienen un fuerte deseo de tener el control, pero solo son así porque sienten que necesitan controlar todo lo que pueden controlar en todo momento. Si una situación no sale como ellos esperan, una personalidad 4 suele alterarse mucho y puede volverse muy destructiva. Les gusta asegurarse de que las cosas están bien y han sido planeadas de antemano y a menudo perderán los nervios si las cosas no salen exactamente como ellos quieren.

Las personalidades 4 también tienden a estar muy centradas en el éxito material, lo que no siempre se debe a que quieran las cosas lujosas de la vida, sino a su necesidad de poder sobre los demás que les rodean. También les cuesta mucho compartir el control y a menudo les costará desprenderse del hecho de que tienen el control de una situación. Les gusta ayudar a los demás con sus problemas, pero solo si eso no significa que tengan que ceder el control de lo que sea que tengan actualmente a su cargo.

Las personas con este número de personalidad pueden ser vistas como insensibles o indiferentes porque tienden a tomar decisiones muy rápidamente y por lo general no piden la opinión de los demás cuando toman estas decisiones. Esto a veces puede perjudicar a la gente que les rodea, porque a las personalidades 4 les encanta apasionarse por lo que hacen, pero si alguien tiene una opinión contraria, un 4 no tardará en callarles.

Los 4 tienden a tener ideas fuertes y a menudo tienen dificultades con el cambio, especialmente si significa sacrificar su poder o las cosas por las que han trabajado. Trabajarán muy duro por lo que creen, lo que les hace parecer despiadados a algunas personas cuando se combina con su naturaleza increíblemente ambiciosa. Pero en realidad, los 4 tienen los mismos pies en la tierra que cualquier otra persona; simplemente están demasiado centrados en sí mismos para verlo.

Número de personalidad 5

A los 5 les encanta formar parte de un equipo; por ello, les gusta ayudar a los demás. Son muy ingeniosos y tienen un pequeño problema para poder quedarse quietos, lo que a veces puede llevarlos a procrastinar los proyectos. Pueden ver las cosas desde todos los aspectos de la vida, lo que les hace parecer que nunca están concentrados en una sola cosa el tiempo suficiente.

Cuando los 5 se esfuerzan por centrarse en una sola cosa a la vez es cuando tienen más éxito y pueden considerarse los más fuertes en cualquier cosa que elijan hacer en la vida. Les encanta encontrar nuevas formas de hacer las cosas y no les importa realmente si algo los lleva un poco más de tiempo del que habían planeado originalmente porque disfrutan viendo cómo las cosas crecen con el tiempo en lugar de apresurarse a hacer todo sin detenerse por nada.

A los 5 les encanta ayudar a los demás y dar consejos a los que les rodean. Siempre tienden a ver las cosas desde un punto de vista diferente y, por ello, les cuesta concentrarse en una sola cosa durante un largo periodo de tiempo. Les encanta ayudar a los demás que parecen necesitar la ayuda y lo más probable es que no digan que algo es imposible de lograr para ellos. Una persona 5 tampoco dirá nunca que alguien se equivoca o se equivoca sin más porque cree en el hecho de que cada persona es diferente, con sus propias fortalezas y debilidades a su alrededor.

A una personalidad 5 no le gusta que otra persona intente controlar lo que hace o que no escuche sus ideas sobre cómo debe hacerse algo. Les encanta que les den libertad para desarrollar sus propias soluciones e ideas y no les gusta que les digan que no pueden conseguir algo porque siempre demostrarán que la gente está equivocada.

Al de la personalidad número 5 no le gusta equivocarse o reconocer que se ha equivocado en algo. Una persona con este número de personalidad necesita aprender a ser más flexible porque las personalidades 5 a veces tienen problemas con esto, especialmente si significa salir de su zona de confort. No les gusta ver cómo se rompen las reglas o las leyes, lo que a veces les hace parecer muy estirados o estrictos.

Los 5 siempre están buscando cosas nuevas que aprender y lugares a los que ir, lo que hace que sean muy buenos para ver las cosas desde muchos ángulos diferentes. El número 5 de la personalidad también es muy reservado, aunque necesitan personas en las que puedan confiar a su alrededor. A menudo se puede contar con su consejo en casi cualquier situación.

Número de personalidad 6

Los números de personalidad 6 son personas a las que les gusta divertirse, a veces más que cualquier otra cosa en el mundo. Tienen muchos amigos y son muy devotos de las causas en las que creen. Les encanta ayudar a los demás siempre que pueden, pero a menudo sienten que no se les aprecia por su duro trabajo.

Los 6 necesitan una gran cantidad de amigos y les gusta tener un millón de cosas diferentes a su alrededor en todo momento. Les encanta ver hasta dónde pueden llegar sus límites y harán todo lo posible para que los demás sean felices antes de pensar en ellos mismos. Los 6 son muy decididos y les gusta hacer las cosas que creen que pueden lograr mejor. Tienen una voluntad increíblemente fuerte y nunca se detendrán en medio de un proyecto, aunque a veces sea necesario hacerlo.

A las personalidades 6 les encanta la aventura, pero no cuando es a su costa. Rara vez están dispuestos a defenderse a sí mismos, sino que tienden a defender a otras personas que siempre se equivocan o que se merecen lo que les pasa por su comportamiento. Una personalidad 6 no suele ser feliz a menos que esté ocupada haciendo algo. Les encanta estar rodeados de otras personas a las que les gusta hacer las mismas cosas que a ellos y renunciarán gustosamente a su tiempo para asegurarse de que los demás se lo pasan bien.

Los 6 son muy sensibles y les cuesta lidiar con la confrontación; tienden a evitar las discusiones a toda costa. Tienen un gran sentido del humor y les encanta contar chistes que hagan reír a la gente. A las personalidades 6 no les gustan los conflictos, pero a menudo pueden considerarse demasiado pasivos si no se defienden más en la vida. Son personas responsables que siempre terminan lo que empiezan y a veces tienden a comprometer demasiado sus recursos con otras personas que no pueden valerse por sí mismas. A los 6 les cuesta decir que no a las personas que les piden ayuda y tienden a dejarse llevar por sus emociones en ocasiones. Suelen aprovechar oportunidades que no necesitan y a veces ni siquiera se plantean cosas así porque no pueden ver más allá del momento en el que se encuentran.

Número de personalidad 7

Las personalidades 7 tienden a pensar las cosas y a veces a considerarlas más que otras. Son personas muy espirituales y les encanta encontrar formas de mejorar. Les encanta encontrar las respuestas a cualquier pregunta que alguien pueda tener, por lo que destacan en la investigación.

Las personas con el número 7 de la personalidad tienden a ser más románticas que la mayoría de la gente porque ven la vida como algo hermoso, con tantas oportunidades para todos. Tratan de mantenerse alejados de todo lo que ven como negativo en sus vidas, aunque esto a veces puede llevarlos a tener problemas porque puede hacer que ignoren un problema hasta que sea demasiado tarde o hasta que se haya convertido en algo más grande de lo necesario.

A las personas 7 no les gusta correr riesgos, pero están más que dispuestas a probar nuevas oportunidades cuando se sienten lo suficientemente seguras. Son personas muy sociales y apasionadas a las que les encanta ayudar a los demás en la medida de lo posible. Siempre intentan ser abiertos sobre sus propios problemas y, aunque no quieren que los demás se quejen de ellos, a menudo compartirán sus problemas con sus seres queridos porque saben que siempre habrá alguien que les apoye.

Una personalidad 7 suele ser muy sensata con sus elecciones en la vida y siempre ve las cosas de una manera diferente a todos los que le rodean. Tienden a pensar en sus decisiones antes de actuar y siempre consideran cómo les afectarán las consecuencias al final. No son personas muy espontáneas y prefieren planificar todo de antemano para saber cuáles son sus opciones en todo momento.

Los 7 son muy buenos dando consejos sobre casi cualquier situación, pero a veces les cuesta aceptarlos ellos mismos porque tienden a ser testarudos. Se preocupan por todas las personas con las que entran en contacto, aunque sea un poco, lo que les convierte en individuos extremadamente leales. Les encanta ayudar a los demás siempre que pueden sin esperar nada a cambio y lo más probable es que siempre estén ahí para alguien sin importar lo que ocurra en sus vidas. También son muy apasionados en su vida personal y suelen tener dificultades para separar sus emociones.

Número de personalidad 8

Los 8 son personas muy tranquilas y tímidas a las que no les gusta ser el centro de atención. Les encanta, la mayoría de las veces, simplemente sentarse y disfrutar de la compañía de los demás, por eso son tan buenos para tener relaciones duraderas. Tienden a guardarse sus problemas para sí mismos en lugar de confiar en los demás para no tener a nadie más cerca cuando más necesitan a alguien. Son muy protectores con los que les rodean y vigilan a todos en todo momento. Los 8 son también personas extremadamente leales que se mantendrán junto a la persona que les importa sin importar lo que ocurra en la vida. Son individuos muy centrados que tienden a ser autosuficientes.

A los 8 no les gusta depender de los demás y harán todo lo posible por evitar ser así, aunque a veces les resulte inevitable. Son personas muy optimistas que tienen un buen sentido del humor y a menudo se les puede ver riendo cuando no ocurre nada más a su alrededor. Son muy trabajadores y nunca se detienen hasta conseguir su objetivo, aunque eso signifique que tengan que esforzarse más que los demás. A las personalidades 8 les encanta estar con alguien que comparta las mismas creencias que ellos y que trabaje en lo que sea que hagan juntos tanto como puedan.

Las personalidades 8 son muy buenas con el dinero y son las mejores cuando se trata de ahorrar sus fondos. Tienden a ser más precavidos que la mayoría de las personas porque suelen analizar en exceso cada pequeño detalle de una situación antes de actuar. Les resulta casi imposible tomar decisiones precipitadas, por lo que tienden a pensar demasiado en todo lo que ocurre en sus vidas.

Las personas con este número de personalidad siempre tratan de ser honestas en todo lo que les rodea y no darán fácilmente su confianza a alguien a menos que realmente crean que se puede confiar en esa persona. Son individuos muy motivados y a menudo pueden ser vistos como obstinados porque tienden a ser muy independientes cuando están cerca de algo que realmente quieren. Les cuesta confiar en la gente y a menudo les resulta difícil dejar de lado sus decisiones pasadas.

Capítulo 7: Su número de fecha de nacimiento

Su número de fecha de nacimiento también se conoce como su número de nacimiento, y se calcula simplemente sumando todos los dígitos que lo componen. Por tanto, si nació el 2 de septiembre, su número de nacimiento sería el 2. Sin embargo, si nació el 14 de septiembre, su número de nacimiento sería el 5, que es la suma del 1 y el 4. Su número de nacimiento es importante porque es el número que muestra todo lo que es único en usted. Sin más preámbulos, entremos en cada uno de ellos.

Número de nacimiento 1

Un individuo nacido con el número de nacimiento 1 es naturalmente seguro de sí mismo, pero se puede suponer que no es especialmente hábil para enfrentarse a los retos. Esto puede deberse a su creencia innata de que todos los retos pueden resolverse fácilmente con su inteligencia. Es posible que alguien con este número de nacimiento haya tenido dificultades para aceptar y aprender de los errores del pasado, lo que podría obstaculizarle en futuros esfuerzos, pero nunca por demasiado tiempo, ya que no abandonará hasta haber superado los obstáculos en su camino. Sin embargo, el riesgo de que se produzcan resultados significativamente malos es mínimo dada la naturaleza optimista del individuo. Además, estos individuos tienden a trabajar duro para conseguir sus objetivos porque no se rinden fácilmente; no hay reto demasiado grande para que lo superen.

El 1 es un líder y un iniciador. Este 1 puede inspirar a los que le rodean y hacer que la gente marche al unísono por una causa común. Su objetivo es asegurarse de que cada parte del equipo haga contribuciones sólidas que ayuden a la consecución global de su propuesta de valor. Los 1 suelen ser positivos y optimistas, pero también obstinados cuando se trata de mantener su idea inicial, aunque no cuente con la aprobación de los demás o parezca ineficiente a primera vista.

El número 1 representa el yo, que habla de sus propias ambiciones y deseos. Con el número 1, las personas son seres muy perspicaces y saben lo que es necesario para su éxito. También tienden a ser obstinados y a tomar decisiones basadas en sus necesidades personales más que en lo que puedan querer los demás. No están orientados a las personas, prefieren centrarse primero en sus necesidades individuales antes de prestar atención a los que les rodean. El éxito personal es primordial para ellos, por lo que tendrán intereses muy variados que pueden incluir los negocios, el arte o las ciencias.

Número de nacimiento 2

Los individuos con número de nacimiento 2 tienen un fuerte deseo de ser queridos y aceptados. Sin embargo, como tienden a exagerar, puede que no siempre tomen las mejores decisiones para ser bien vistos. Quieren mantener contentos a sus amigos y familiares excediéndose en sus esfuerzos y poniéndose en situaciones innecesariamente peligrosas. Esto puede conducir a resultados dramáticos cuando no pueden evitar asumir más de lo que pueden manejar. Suelen disfrutar de actividades creativas como la escritura o la música, ya que les permiten expresarse libremente sin ser juzgados por los demás.

Al número de nacimiento 2 le gusta ser aceptado
https://pixabay.com/es/photos/gente-mujeres-hablando-re%C3%ADr-2567915/

Suelen tener un fuerte vínculo social y disfrutan con sus amigos, pero saben cuándo dejar de pasar tiempo con ellos para cuidarse a sí mismos. Son personas muy leales y permanecerán junto a sus amigos hasta el final. Son individuos francos y también pueden ser bastante persuasivos. Supongamos que una persona con este número no ha aprendido a evolucionar y a equilibrar sus energías. En ese caso, a menudo pueden volverse manipuladores y controladores, pero esto solo hace más daño que bien a sus relaciones.

¿Cómo es el número de nacimiento 2 en el amor? Están muy unidos a sus parejas y se entregarán por completo a ellas. Aun así, también pueden excederse y volverse demasiado controladores. Esto es un obstáculo común para formar relaciones sanas. Las personas 2 que no conocen nada mejor tienden a anteponer a los demás antes que a sí mismas y culparán a sus parejas de sus errores si eso significa mantener intacta una relación de confianza. Creen que abrirse emocionalmente es necesario para ser felices y compartir sus emociones con su pareja. Aun así, cuando sienten que no se les aprecia, se cierran de golpe y pueden cortar con la gente. Esto suele ser muy confuso para los demás, que han llegado a dar por sentado el amor y el apoyo de este número.

Número de nacimiento 3

Un individuo con un número de nacimiento 3 es una persona inspiradora y enérgica que puede suscitar emociones apasionadas en los demás. Si un 3 no motiva e inspira a los que le rodean, le resultará difícil conseguir algo. El hecho de que este número represente la mente revela que el individuo es entusiasta de sus pensamientos y siempre tiene una opinión que compartir, aunque no siempre esté muy apoyada por las pruebas. Estas personas realizan su mejor trabajo en grupo, ya que prosperan cuando otras personas están presentes para escuchar lo que tienen que decir y responder en consecuencia. Están deseando compartir ideas creativas con los demás porque tener una aportación positiva les ayuda a desarrollar soluciones aún mejores.

Estos individuos no solo son grandes conversadores, sino que también tienen facilidad para escribir y actuar, lo que suelen hacer como forma de expresarse. Las personas con el número 3 suelen trabajar en el teatro o en campos artísticos, pero no tienen en cuenta cómo perciben los demás su trabajo y por ello pueden parecer insensibles. El número 3 es temperamental y testarudo, por lo que se desbocarán si se les presiona demasiado.

El 3 representa la autoexpresión de las emociones, lo que nos indica que estos individuos pueden ser sensibles pero propensos a exagerar en ocasiones. Tienden a estar bastante apegados a quienes les rodean, pero este apego puede hacerles dependientes de los demás y disminuir su capacidad para mantener un estilo de vida independiente. El 3 es el número de la imaginación y la originalidad. El potencial de los 3 es ilimitado, y son capaces de alcanzar el éxito en cualquier empresa que elijan. Son muy trabajadores y su actitud de poder hacer las cosas los lleva al éxito tanto profesional como personal. Parece que el vaso está siempre medio lleno cuando se es un 3, porque siempre encontrarán algo positivo que decir incluso en una situación que parezca completamente negativa en la superficie. Su optimismo natural es lo que les hace llegar tan lejos. Sin embargo, como todos los demás números, algunas incoherencias en sus vidas pueden frenar su progreso o detenerlo por completo.

También simbolizan la expresión de la energía, que es algo que las personas 3 necesitan aprender a hacer más a menudo para liberar el estrés del trabajo. Si una persona 3 no practica la meditación ni libera sus emociones, puede llegar a desequilibrarse bastante y puede incluso empezar a desarrollar intensos dolores de cabeza o una sensación constante de agotamiento. A veces esto puede ser el resultado del estrés en general, pero si el individuo nunca practica el autocuidado, podría derivar en algo mucho peor.

Las personas 3 siempre están buscando nuevas experiencias y tienden a ser muy filosóficas sobre la vida. A veces pueden asumir más de lo que pueden manejar para ser productivos, pero mientras no lo conviertan en un hábito, no es un problema tan grande. Los 3 son individuos muy apasionados y pondrán toda su energía en lo que hagan, ya sea en el trabajo o en las relaciones. Disfrutan complaciendo a sus parejas y están ansiosos por establecer vínculos con los demás.

Número de nacimiento 4

El 4 es el número de la seguridad física y representa el mundo material. Puede parecer que un número 4 lo tiene todo controlado, pero a menudo no es así. Siempre hay algo nuevo a la vuelta de la esquina para una persona 4, lo que les hace sentir que no hay ninguna estabilidad real en sus vidas. Son muy emocionales, tanto en el buen como en el mal sentido de la palabra. El 4 es un número que suelen tener las personas con una voluntad fuerte, por lo que no suelen ser pusilánimes. Están predispuestos a progresar y a encontrar la manera de adaptarse fácilmente a lo que se les presente para desarrollar rápidamente sus habilidades.

Las personas 4 tienen naturalmente talentos además de su intelecto. Sin embargo, a veces no se dan cuenta de estos talentos a tiempo porque les falta confianza en sí mismos y concentración. El 4 es bastante impaciente e impulsivo y suele emprender proyectos que otros evitan por miedo a fracasar, lo que puede llevarlos por algunos caminos oscuros que les alejarán del camino correcto si fracasan. En su mayoría están orientados a los objetivos y pueden mantenerse centrados en lo que intentan conseguir, pero tienen que aprender a encontrar un equilibrio entre sus otros intereses y su trabajo.

El 4 es el número del trabajo, lo que significa que las personas del 4 tienden a ser competitivas por naturaleza. Siempre quieren estar avanzando o dando los siguientes pasos hacia arriba y se pondrán ansiosos si no pueden conseguir nada. Como un número 4 intenta equilibrar sus deseos con el mundo material, a menudo establecen relaciones para sentirse seguros, lo que puede pasarles factura con el tiempo.

Número de nacimiento 5

El 5 representa la mente y lo interno, por lo que tendemos a pensar que las personas 5 son muy inteligentes e intelectuales. El número 5 es un número equilibrado con el que todo el mundo puede relacionarse, y no es de extrañar que este número haya ganado tantos adeptos a lo largo de la historia. El 5 tiene un doble significado porque la primera mitad simboliza la seguridad física mientras que la segunda se refiere a la seguridad mental. Las personas del 5 tienen abundancia de ideas y agudeza mental, pero esto puede ser su perdición cuando empiezan a confundir la originalidad con el derecho a ser irrespetuoso con los demás.

Son muy leales a las relaciones y siempre tratarán de complacer a los demás. Las personas 5 suelen ser muy empáticas, pero pueden ser reacias a abrirse emocionalmente porque no quieren revelar sus sentimientos por miedo a ser juzgadas. Esto es un signo de que esperan el amor de los demás, pero temen la vulnerabilidad, por lo que se contienen a la hora de dejar que la gente se acerque para evitar que les hagan daño. Las personas 5 necesitan encontrar a otras personas que comprendan su falta de confianza para ayudarles a abrirse, en lugar de obligarles a defenderse.

El 5 es el número de las oportunidades y representa lo inesperado, por lo que a menudo encontramos a las personas 5 siendo muy espontáneas.

Tienen mucha energía, pero no saben cómo utilizarla eficazmente, por lo que a veces pueden ser bastante dispersas. Las personas con este número también tienen una gran imaginación y suelen disfrutar ampliando sus horizontes descubriendo diferentes puntos de vista sobre cuestiones que afectan a la sociedad en su conjunto. Por otro lado, las personas del 5 suelen tener miedo al fracaso y pueden sentirse profundamente inseguras si sienten que han defraudado a los demás de alguna manera.

Bendecidas con la energía del 5, muchas personas con este número se convierten en escritores y filósofos porque pueden pensar con la suficiente rapidez para poner en palabras ideas complejas que muchos otros nunca podrían entender. Cuando deciden seguir una carrera, es evidente que son lo suficientemente inteligentes como para influir en la sociedad de alguna manera. Sería beneficioso para las personas 5 encontrar formas de relajarse más a menudo porque sus mentes tienden a divagar cuando se les deja solos durante demasiado tiempo, lo que puede alejarles de la verdad.

Número de nacimiento 6

El 6 es el número de la educación y representa lo que aprendemos globalmente. Las personas con el 6 como número de nacimiento son muy compasivas, pero también tienden a ser malhumoradas porque a menudo se sienten incomprendidas. El hecho de que sean amables con los demás puede llevar a la gente a aprovecharse de ellos o a tratar de utilizarlos como tapete cuando las cosas no les van bien, pero si esto ocurre suficientes veces, las personas 6 pueden volverse muy cínicas y desarrollar problemas de confianza.

Las personas 6 necesitan recordar que no hay nada malo en ser confiado, especialmente cuando se trata de otros seres humanos. A veces pueden ser un poco tímidas a la hora de expresar sus sentimientos, pero son apasionadas y honestas cuando lo hacen. Tienden a ser muy cariñosos con los demás y centran su energía en las personas de su vida, lo que les hace sentirse muy necesitados. El 6 es el número de la resistencia, y esto significa que las personas del 6 tienen una increíble fuerza de voluntad y seguirán luchando por lo que creen sin importar la oposición que se les presente.

Las personas 6 tienen muchos rasgos buenos, pero también algunos malos. Por un lado, son muy inteligentes y comprenden que todo tiene un punto final, por lo que intentan tomar el control de las situaciones o evitar por completo los problemas pensando antes de actuar o escuchando antes de hablar. Por otro lado, las personas 6 pueden ser un poco controladoras y prepotentes porque temen perder cosas importantes. También les gusta microgestionar a los demás, pero esto puede hacerles parecer obstinados si se niegan a escuchar las opiniones de los demás.

El 6 es el número de los servicios, por lo que las personas de 6 están muy dispuestas a devolver algo a sus comunidades. Suelen ser muy generosos con su tiempo y su dinero, lo que les convierte en grandes amigos y familiares. Las personas 6 dedican mucho tiempo a pensar en todo lo que hacen o a prepararse para algo que se avecina. También aceptan muy bien todo lo que ocurre y creen que siempre hay una forma positiva de ver las cosas. Algunas personas se cansan de esperar a que las personas 6 pasen a la acción, lo que puede llevarlos a lugares a los que no quieren ir.

Número de nacimiento 7

El 7 representa el pasado y el futuro, por lo que la mayoría de las personas con el número 7 como número de nacimiento tienen muchas ideas sobre lo que podría ocurrir en el futuro y a menudo sueñan con ello. Suelen ser extremadamente creativos e intelectuales, y muchos tienen talentos que les permiten meterse en la cabeza de otras personas para ver las cosas desde su punto de vista. Esto puede hacerles bastante empáticos, lo que puede ser bueno o malo según cómo utilicen ese poder.

El número 7 es el buscador del conocimiento, y muchas personas con este número pasarán toda su vida intentando descubrir quiénes son por dentro y qué les hace funcionar. Hay momentos en los que las personas con el número 7 pueden empezar a cuestionarse a sí mismas porque no siempre entienden por qué reaccionan a ciertas cosas de una manera determinada. Esta pequeña inseguridad puede hacer que piensen demasiado en todo lo que les rodea y que se cuestionen por qué los demás se comportan como lo hacen.

El 7 es el número de la perspicacia, por lo que las personas del 7 comprenden mejor las cosas antes de que sucedan. Son buscadores de conocimiento y comprenden que vivimos en un mundo muy complicado en el que no hay respuestas fáciles. Creen que la única manera de avanzar es si nos permitimos tener fe y confiar los unos en los otros para poder encontrar las respuestas juntos. Esto no es un retroceso, sino una forma de que ocurran cosas positivas.

En el lado negativo, las personas 7 pueden ser bastante indecisas a veces porque a menudo tienen tantas ideas rondando por su mente a la vez que les resulta difícil centrarse en una sola cosa. También pueden sentir que su mundo se ha vuelto loco porque todo se mueve demasiado rápido para que puedan seguir el ritmo. Si pueden encontrar una manera de relajarse y tomarse el tiempo para disfrutar más de la vida, serán mucho más felices que si se pasan el día pensando demasiado.

Número de nacimiento 8

El 8 es el número de la prosperidad, por lo que a algunas personas con este número les llegará mucho dinero en algún momento de su vida. A las personas con el 8 como número de nacimiento a menudo les va bien en cosas como los negocios o la política porque entienden lo que ocurre a su alrededor. Tienen una comprensión profunda que proviene de la experiencia de la vida y han aprendido que nada es realmente cierto a menos que uno lo haga. Las personas con el 8 como número de nacimiento también tienen un arraigado sentido de la fe que les ayuda a mantenerse con los pies en la tierra cuando todo parece caer a su alrededor.

Algunas personas con el 8 como número de nacimiento pueden ser excesivamente ambiciosas porque desean desesperadamente sacar el máximo partido a la vida. Esto es realmente algo bueno cuando deciden utilizarlo de forma positiva y ayudar a los demás, pero a veces puede llegar al extremo y hacer que parezca que se preocupan más por ellos mismos que por los demás. El 8 es el número de la ambición, por lo que, si alguien con este número tiene demasiado, puede haber momentos en los que anteponga sus propias necesidades a las de los demás.

Las personas con el 8 como número de nacimiento están dispuestas a asumir riesgos y entienden que algún día tendrán que perder para ganar. No les importa el trabajo duro porque saben que forma parte de la vida, y disfrutan teniendo objetivos y una fuerte ética de trabajo. Tienen una moral muy elevada, lo que hace que se apasionen por las causas que apoyan. Si alguien con este número le dice que algo es importante, lo cree completamente, aunque otros no lo hagan.

En el lado negativo, las personas con el 8 como número de nacimiento pueden dejarse llevar por sus ideas y tomar decisiones basadas en el miedo más que en la lógica o los hechos. Su rapidez en la toma de decisiones y el hecho de que no les importe realmente lo que la gente piense o diga puede llevarles a menudo a tomar malas decisiones de las que se arrepientan más tarde. Si pueden aprender a ir más despacio y tomarse el tiempo necesario para evaluarlo todo, serán mucho más felices.

Capítulo 8: Construir una carta numerológica

Realmente no hay mejor manera de saber quién es usted realmente y por qué está aquí que trabajando con su carta numerológica. En este capítulo, obtendrá toda la información que necesita para entender cómo funcionan estas cartas y cómo puede crear la suya propia para tener un mapa claro de su vida al que remitirse siempre que sienta miedo o se sienta perdido o necesite algo de tranquilidad. No es un proceso excesivamente complicado en absoluto.

¿Qué es una carta, de todos modos?

Mientras que en la numerología caldea se trata de comprender el significado subyacente de cada número, tanto principal como compuesto, la carta es básicamente un resumen de todo lo que tiene que ver con cada número relacionado con quién es usted realmente. A juzgar por toda la información que ha recibido en los capítulos anteriores, puede decir que el nivel de detalle de estas cartas no es para tomárselo a broma. Pero es realmente fácil poner los significados de estos números uno al lado del otro y luego dar una explicación a lo que le ocurre, como hicimos en un capítulo anterior.

Requisitos de su carta natal

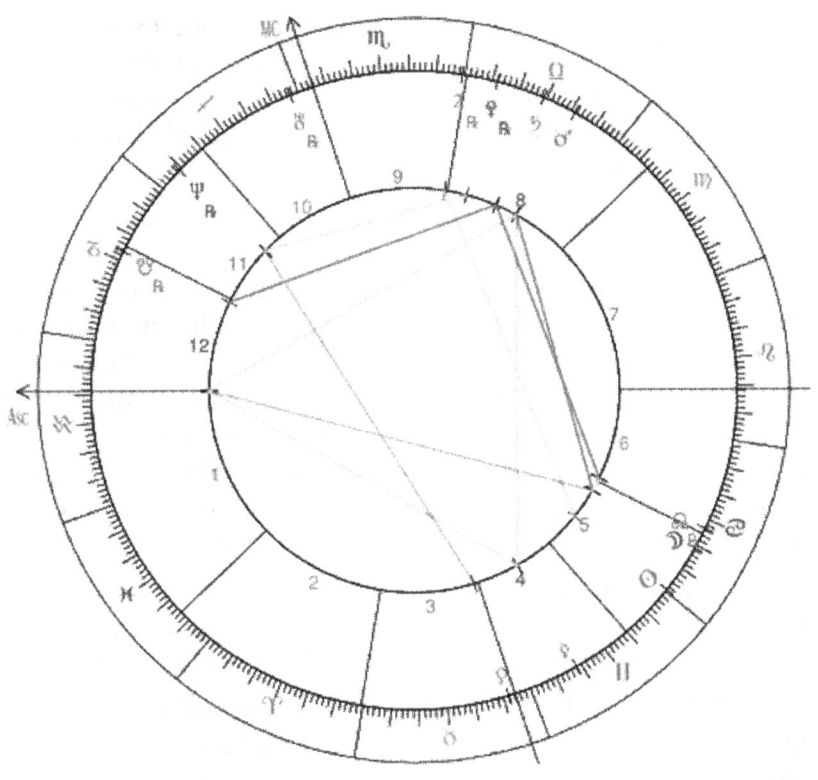

Carta Natal
*Morn, CC BY-SA 3.0 <https://creativecommons.org/licenses/by-sa/3.0>, vía Wikimedia Commons
https://commons.wikimedia.org/wiki/File:Natal_Chart_-_Adam.svg*

Antes que nada, necesitará un procesador de textos o un bolígrafo y un papel. Los utilizará para elaborar los cálculos de todos los elementos relevantes de su carta. Esto incluirá:

- Su número de nacimiento
- Su número de destino
- Su número de personalidad
- El número del deseo de su corazón o del impulso de su alma

Ya hemos repasado cómo calcularlos y qué significa cada número dentro de cada marco.

Beneficios de obtener su carta numerológica

¿Cuáles son los beneficios de hacerse una carta numerológica? Es hora de averiguarlo. La numerología es una ciencia antigua que estudia cómo los números afectan a nuestras vidas. En la numerología, cada número tiene un significado y un símbolo asociado, que están interconectados. Estas asociaciones dan lugar a ciertos rasgos de la personalidad u ofrecen una visión de los acontecimientos de su vida.

Como la numerología predice los acontecimientos basándose únicamente en su nombre y en la fecha y hora de su nacimiento, puede responder a las preguntas que pueda tener sobre su futuro y ayudarle a tomar decisiones importantes en la vida que le conduzcan a la felicidad. Puede ayudarle a comprenderse mejor a sí mismo y a las personas de su vida. También puede mostrarle cómo trabajar en las relaciones, evitar los malos hábitos, hacer cambios en su carrera o convertirse en la mejor versión de sí mismo. Una carta de numerología caldea puede ser para usted si busca el significado de los números y una mejor comprensión de su lugar en la vida.

El proceso de interpretación de las cartas puede realizarse con varios métodos específicos para encontrar los significados de los números. Hay muchos métodos y técnicas diferentes que utilizan los numerólogos.

Análisis de símbolos: En este método de numerología, se dan símbolos a los números en función de sus características. El símbolo del número suele representar un concepto o cualidad importante sobre el número. Por ejemplo, si su cumpleaños es el 11 de julio, tendrá el número 2 como símbolo (1 + 1 = 2).

Interacción de números: En este método, se comparan y analizan los números que componen la carta de un individuo. El objetivo es identificar una relación entre cada número y los demás números de la carta. Las relaciones pueden ser positivas o negativas o una combinación de ambas.

Ciclo anual: La jerarquía de los números varía de un año a otro. Esto se debe a que cada año tiene sus propias energías numéricas. Por ejemplo, el 5 se considera afortunado de 1986 a 1995, pero desafortunado de 1996 a 2005, y viceversa para los años posteriores a 2005 (hasta 2026). Por ello, debe tener precaución al interpretar su carta para los años que tienen más de seis años de diferencia (por ejemplo, debe tener precaución al interpretar su carta si su cumpleaños es 1990 o 1982). Este método también puede utilizarse para identificar periodos buenos o malos en la vida de un individuo o en la historia de su familia debido a la actuación de un número durante un año concreto.

Cálculo: El siguiente método de interpretación de una carta consiste en sumar todos los números de la fecha de nacimiento del individuo (excluyendo el mes y el día) y el año de nacimiento. A continuación, se comparan estos dos números con las características correspondientes a la suma numérica. El proceso matemático real puede determinarse introduciendo la fecha de nacimiento, el año y los números que componen su nombre en una calculadora de numerología, muchas de las cuales puede encontrar en Internet de forma gratuita. Si lo prefiere, también puede calcular las respuestas manualmente.

Trabajar con su nombre

Comencemos con el nombre de nacimiento o nombre de pila. Recuerde que, a diferencia de la numerología pitagórica, usted tiene la libertad de utilizar el nombre que desee. Esto es algo bueno porque si nota que su nombre de nacimiento tiene energías desafiantes, siempre puede cambiar su nombre por otro que le siente mejor. Se quedaría sorprendido y asombrado de cómo la vida de las personas cambió para mejor en el momento en que eligieron cambiar de nombre. Su nombre es muy importante a la hora de construir su carta porque lleva la esencia de quién es usted junto con su fecha de nacimiento. Le mostrará por qué actúa y piensa como lo hace. Una vez que tenga su nombre, podrá trabajar con la información que se da en este libro para escribir las cosas que se aplican al valor numerológico de su nombre. Recuerde que, al elaborar cualquier número relacionado con su nombre, debe asignar a la letra Y su posición adecuada, ya sea como vocal o como consonante. Por ejemplo, si su nombre es Yolanda, en este caso, la letra Y es una consonante. Si su nombre es Andy, es una vocal porque no empieza la palabra, sino que la termina.

Trabajar con su fecha de nacimiento

Su fecha de nacimiento también puede informarle sobre quién es usted. Cuando elabore su carta astral, debería ponerla siempre en este formato: MM-DD-AAAA. Así, digamos que nació el 24 de marzo de 1991. Lo escribiría como 24-03-1991. Además, recuerde que, a menos que quiera obtener el significado compuesto de sus números, ya sean de nacimiento o de otro tipo, debe reducir el número a un solo dígito.

Ahora que tiene a mano su nombre y su fecha de nacimiento, rellenar su carta se convierte en algo fácil. Ya hemos hablado de cómo hacer estos cálculos. Aun así, como este es un capítulo de referencia, vamos a hacer un rápido resumen de cómo calcular cada uno de ellos para que pueda rellenar su carta con precisión y facilidad sin tener que pasar de una página a otra.

Para su comodidad, aquí está de nuevo la tabla de valores de la numerología caldea:

1 2 3 4 5 6 7 8
A B G D E U O F
Q R C M H V Z P
Y K L T N W
I S X
J

Para sus números compuestos: Sume los valores de su nombre hasta obtener una respuesta de dos dígitos. Haga lo mismo para su fecha de nacimiento. Si no obtiene un número compuesto, no pasa nada.

Para sus números principales o raíces (los que tienen una sola cifra): Simplemente reduzca todo hasta que obtenga un único número del 1 al 8. Si la respuesta que obtiene es un 9, entonces debe buscar los números compuestos que, sumados, le darían el 9: por ejemplo, 18, 27, 36, etc.

Para su número de destino: Sume todos los números que componen su nombre en su totalidad. Para la numerología pitagórica, sería el nombre que figura en sus documentos, como su partida de nacimiento. Para la numerología caldea, trabaje con su nombre actual asignado (que técnicamente estaría en sus documentos de todos modos).

Para el número del deseo de su corazón: Solo debe sumar los valores de cada vocal de su nombre. Una vez más, recuerde la regla de la Y.

Para el número de su perfil de personalidad: Sume todas las consonantes de su nombre. Una vez más, recuerde la regla de la Y.

Su número de fecha de nacimiento: Sume todos los números de su fecha de nacimiento, incluyendo el mes, el año y el día. Así sabrá qué hacer si obtiene un número compuesto o un número raíz.

Planos de expresión

Este es el proceso de combinar todos los números importantes de su carta, que ya hemos esbozado en la sección anterior. Es muy fácil determinarlo porque todo lo que está haciendo es sumar cada uno de estos números. Por ejemplo, supongamos que su número del destino es el 8, el número del deseo de su corazón es el 3, el número de su personalidad es el 7 y el número de su fecha de nacimiento es el 6. Sumando todos ellos obtendrá el 24, que puede reducirse al 6.

¿Qué le dice exactamente este aspecto de la carta numerológica? Le muestra las múltiples capas de sí mismo y cómo interactúa con los demás a su alrededor. Conocerá la forma en que la gente le ve, y también combina su percepción de usted con la verdadera razón por la que está aquí en esta tierra y lo que más desea de la vida. También vale la pena tomar nota de su plano de expresión porque en él es donde encontrará la iluminación sobre el motivo de su lucha y lo que podría estar frenando su avance. Por ejemplo, puede que se sorprenda al descubrir que su deseo de proyectarse como alguien diferente de lo que realmente es, es lo único que le impide tener éxito y alcanzar sus objetivos y sueños.

¿Qué pasa con su número de logro?

Este número es muy importante, y no es más que un dígito principal en su carta. ¿Qué representa? Es la esencia de su alma. Puede cambiar de ropa, cambiar de lugar, cambiar de nombre, comenzar una nueva carrera o lo que sea, pero su alma permanece eternamente inalterada. Por tanto, el número de logro es lo que usted es realmente en espíritu. Dado que todas las cosas fluyen desde el espíritu, lo más sensato es saber cuál es este número y trabajar con él de forma consciente para que nunca tenga que preocuparse por estar fuera de su camino, y alcance un cierto nivel de facilidad, fluidez y aceptación de dónde se encuentra en la vida. Algunas personas dicen que nunca debe aceptar nada que no quiera o no le guste, pero el secreto es que este es el primer paso para cambiarlo a mejor. Cuando se permita ver la verdad sobre su existencia personal, es posible que se vea inundado de limitaciones, pero sus ojos se abrirán finalmente a las herramientas y recursos que le rodean y que puede utilizar para sacar lo mejor de sí mismo. He aquí una sorpresa: cuando haga esto, puede que descubra que lo que creía que quería no es exactamente lo que deseaba o necesitaba y que le gusta bastante esta nueva versión de sí mismo, más auténtica y verdadera, alimentada y aprobada por su espíritu.

Su número de logro es el plano mismo de toda su vida, y de las vidas anteriores a esta y de las que vendrán después. Este número corta toda la palabrería y le mostrará tal y como es usted realmente, sin adornos añadidos. ¿Cómo se calcula este número? Todo lo que tiene que hacer es sumar su número del destino y el número del deseo del corazón, y el total debería decirle todo lo que necesita saber. Recuerde que el resultado no debe ser un número compuesto, así que redúzcalo a un solo dígito, a menos que sea un 9, entonces puede trabajar con los significados compuestos asignados a las cifras que suman 9.

Un ejemplo de carta

Supongamos que estamos haciendo una carta para alguien llamado Janet Bethany Archer, y que nació el 3 de octubre de 1995.

JANET BETHANY ARCHER, 10-03-1995

Número del destino: 1 + 1 + 5 + 5 + 4 (JANET) + 2 + 5 + 4 + 5 + 1 + 5 + 1 (BETHANY) + 1 + 2 + 3 + 5 + 2 = 57.

Número compuesto: 57.

Número raíz: 5 + 7 = 12; 1 + 2 = 3

Número del deseo del corazón: A, E, E, A, Y, A, E = 1 + 5 + 5 + 1 + 1 + 5 = 19

Número compuesto: 19

Número raíz: 1 + 9 = 10; 1 + 0 = 1

Número del perfil de la personalidad: J, N, T, B, T, H, N, R, C, H, R = 1 + 5 + 4 + 2 + 4 + 5 + 5 + 2 + 3 + 5 + 2 = 38

Número compuesto: 38

Número raíz: 3 + 8 = 11; 1 + 1 = 2

Número de su fecha de nacimiento: 1 + 0 + 0 + 3 + 1 + 9 + 9 + 5 = 28

Número compuesto: 28

Número Raíz: 2 + 8 = 10; 1 + 0 = 1

Número de logro: 4 (Número de destino 3, número de deseo del corazón 1. 3 + 1 = 4.)

Destino: 3. Animador, un empresario que prosperará en el trabajo creativo.

Deseo del corazón: 1. Liderazgo y mando. Le irá bien iniciar sus propios negocios o proyectos.

Perfil de personalidad: 2. Diplomático, excelente compañero. Posee tacto. Capacidad para alternar entre lo sensible y lo insensible, lo reflexivo y lo irracional.

Número de su fecha de nacimiento: 1. Líder nato. Original. Voluntad masiva. Innovador. Mandón. Carente de integridad.

Número de logro: 4. Constructor, disciplinado, responsable, estructurado.

Esto era solo un ejemplo de cómo podría ser una carta, pero en realidad se puede entrar en muchos más detalles si se quiere. Por ejemplo, sabemos que Janet es muy creativa. En lugar de trabajar para alguien o para una organización en la que quizá no se la valore o no se le permita florecer como podría, estaría mucho mejor trabajando en lo suyo, emprendiendo por su cuenta. También podría hacerlo bien como socia, pero es más probable que encuentre la plenitud trabajando por su cuenta. Lo mismo ocurre en lo que respecta a las relaciones y amistades. Es muy probable que sea el tipo de persona que entable una conversación primero o que dé el primer paso. Esto es algo bueno para ella, siempre que sea con las personas adecuadas.

Poseer dos números 1 significa que debe tener cuidado con pisotear las opiniones y los sentimientos de los demás porque ella es la jefa o porque cree que tiene razón. Esto también podría traducirse en su vida amorosa, donde puede haber ocasiones en las que su pareja intente llegar a ella sobre un tema difícil, pero ella no escuche porque tiene decidido lo que prefiere hacer. Le iría muy bien con alguien que tenga un predominio de la energía 2 en su carta.

Sea lo que sea lo que Janet quiera conseguir en la vida, no puede permitirse actuar sin planificación. Está dotada por naturaleza para hacer que las cosas sucedan, siempre que tenga un proyecto o plan que la ayude a alcanzar sus objetivos de forma ordenada, ya que prospera cuando hay estructura. No le irá bien en entornos en los que las reglas no estén claras.

Capítulo 9: Números de compatibilidad

¿Sabía que trabajar con la numerología caldea puede ayudarle a averiguar las personas con las que es compatible en términos de amistad y romance? Claro que hay otros sistemas con los que podría trabajar para ayudarle con esto, siendo la astrología uno de los más populares, pero con la numerología encontrará resultados interesantemente precisos. Esto se debe a que los números están en todo, y llevan frecuencias inconfundibles.

La numerología caldea puede decir con quién es usted compatible
https://unsplash.com/photos/EdULZpOKsUE

Antes de entrar en el tema de la compatibilidad, por favor, no asuma que solo porque alguien no es compatible, usted nunca podría arreglar las cosas con esa persona. No es en absoluto así, porque cualquiera podría llevarse bien con otra persona siempre que ambas decidan solucionar sus problemas en lugar de ser una de esas personas odiosas que dicen: "Oh, nunca salgo con nadie que sea un número 5" o algo así. Es posible que encuentre más problemas de lo habitual con los números incompatibles, pero eso no significa que no pueda hacer que funcione. Al fin y al cabo, el amor consiste en crecer.

Trabajar la compatibilidad

Para averiguar si alguien es compatible con usted, debe trabajar con su número del destino, su número del perfil de la personalidad y el número del deseo del corazón. Comparar estos números entre sí es una gran manera de ver si usted y la otra persona encajarán bien en términos de numerología. Puede saber si siempre se van a enzarzar en discusiones o si se llevarán bien.

La numerología puede decirle si están hechos para durar o no, pero si necesita hacerse esa pregunta en primer lugar, quizá quiera preguntarse por qué tiene esa curiosidad. ¿Podría ser que no esté realmente comprometido con la relación? ¿Podría ser que el miedo al compromiso le moleste? ¿Podría ser que necesita trabajar en algunos problemas serios de confianza? No hay nada malo en comprobar su compatibilidad, pero siempre debe estar seguro de sus razones. Es mucho mejor comprobarlo con la mentalidad de querer asegurarse de que las cosas funcionan porque quiere comprender realmente a la otra persona y crecer juntos de verdad.

Las relaciones con un número no compatible no están condenadas desde el principio. De hecho, algunas de las mejores amistades y relaciones comenzaron con un poco de fuego y azufre. Lo único que hay que hacer ahora es echar un vistazo a los números del destino, la personalidad y el deseo del corazón de cada uno de ustedes. Ahora comprobaremos las distintas combinaciones y veremos cómo funcionan juntas.

1 y 1

Esta combinación es potente, siempre y cuando las dos partes puedan encontrar en su interior la posibilidad de ceder el control al otro de vez en cuando. Si tiene esta amistad o relación, debe saber que ambos tienen fuertes ambiciones, y esto podría provocar algunas fricciones entre ustedes que podrían acabar convirtiéndose en resentimiento mucho más adelante. Sin embargo, cuando decidan ser respetuosos el uno con el otro y se permitan tener un turno para llevar las riendas, ambos podrán ser francos con el otro sobre sus necesidades. Su relación de pareja se convertirá en una en la que ninguna de las dos personas estará nunca insegura o no sabrá lo que la otra necesita. La manera de que esto funcione es a través de la comunicación. Si no se comunican el uno con el otro, la magia que buscan nunca se producirá, y a menudo van a bloquearse. Sea consciente de ello.

1 y 2

Esta relación o amistad está llena de amor y calor, pero a pesar de todo, puede que no sea suficiente para ninguno de los dos. La cuestión es que el 2 necesita la seguridad del 1, y el 1 suele estar más preocupado por su ambición que por cualquier otra cosa. Si el 1 considera la relación como una parte clave de sus objetivos, será estupendo. Así, es más que probable que las cosas funcionen. A 1 le encanta estar al mando, mientras que a 2 le gusta prestar apoyo emocional, y esta es una dinámica encantadora para tener con jefes y empleados, padres e hijos, etc. Es probable que a ambos les vaya bien juntos, siempre y cuando ninguno intente apropiarse de las tareas o funciones del otro.

1 y 3

Una combinación emocionante y gloriosa con muchos estímulos. Esta es una relación maravillosa que saca lo mejor de ustedes. Ambos son independientes y autosuficientes; es una combinación estupenda para las personas que quieren estar con una sola persona todo el tiempo. También se interesarán por el pasado del otro porque se trata de una combinación comprensiva y compasiva de los impulsos del alma. Esto podría ser problemático si sus opiniones chocan demasiado, pero pueden funcionar bien juntos cuando se comunican bien.

1 y 4

Los dos son sensibles y cariñosos, pero la cosa no va más allá, ya que la combinación 1 y 4 ya ha provocado bastantes líos. Es probable que su relación se caracterice por mucho amor y muchas peleas. Ninguno de los dos encontrará a otra persona tan leal como el otro, así que lo más probable es que sigan resolviendo sus problemas y haciendo todo lo posible para que esto siga adelante. Sin embargo, no parece que esto vaya a durar siempre, ya que hay demasiada tristeza en todo ello.

1 y 5

Esta es una combinación fuerte para aquellos que quieren tomarse las cosas con calma y vivir su vida día a día. Puede que tenga la tentación de analizarlo todo en exceso, pero eso es lo que intenta hacer de todos modos, así que no es de extrañar que se sientan atraídos por formas más profundas que la relación promedio. Sin embargo, tendrán problemas cuando alguno de los dos sienta que el otro va demasiado lento.

1 y 6

Esta es una gran combinación para las personas que buscan algo estable. Ambos son muy afectuosos y cariñosos el uno con el otro, así que no es de extrañar que se sientan atraídos. El problema aquí es que ambos son muy protectores por naturaleza, pero no son tan buenos comunicando lo que sienten. Esto puede hacer que su relación parezca estancada, aunque en realidad esté progresando muy bien. Tendrán que recordar que la comunicación es una vía de doble sentido para que las cosas funcionen.

1 y 7

Esta es una buena combinación, pero no del todo genial. Ambos son personas independientes y cariñosas que no sienten la necesidad de hacer las cosas a medias. Sin embargo, ese es el problema, porque ambos son demasiado testarudos y están demasiado anclados en sus propias costumbres como para darse cuenta de ello. Podrían tener absolutamente una gran relación si decidieran aprender a comunicarse más eficazmente para poder comprometerse y atravesar el túnel del cambio.

1 y 8

Son intensos y emocionales el uno con el otro, lo que podría malinterpretarse como un problema, ya que esta es una combinación abrumadora para los demás. Ambos son capaces de ser demasiado dominantes, pero eso lo perciben el uno del otro, así que probablemente podrán mantener las cosas medidas y bajo control. Dicho esto, ha habido ocasiones en las que esta combinación funciona de maravilla, con mucho amor y apoyo por ambas partes.

1 y 9

Son dos personas extremadamente leales con mucho amor para dar en esta relación. El único problema es que ninguno de los dos es realmente bueno para ser directo ni para guardarse sus sentimientos. Es posible que quieran trabajar en eso si quieren que su relación sea duradera.

2 y 2

Nadie entiende mejor a un 2 que a otro 2. A los dos les irá maravillosamente bien juntos porque se apoyan mutuamente. Los dos son excelentes escuchando, y el hecho de que cada uno esté dispuesto a mostrar sus emociones y a llevar su corazón en la manga animará a la otra persona a hacer más de lo mismo. Esta es una relación muy enriquecedora y podría ser algo hermoso para toda la vida.

2 y 3

Esta es una combinación vigorosa, en la que los dos son capaces de rebotar el uno en el otro y crear algo muy nuevo y emocionante. Ambos son fantásticos para decir lo que piensan y están muy abiertos a escuchar lo que el otro tiene que decir. Esta es una relación maravillosa para las personas que se desenvuelven bien como amigos primero y como parejas después. No hay nada malo en esa dinámica, pero hay que tener cuidado de no perderse en esta relación, ya que a veces puede ser difícil ver dónde acaba una persona y empieza la otra. Poder comunicarse con alguien que entiende sus puntos de vista puede ser un verdadero placer, especialmente cuando se trata de discutir un montón de ideas diferentes con alguien que no tiene miedo de probarlas. Ambos son muy creativos y entienden que necesitan tener la oportunidad de compartir sus ideas. Lo difícil es que ambos son extremadamente directos a la hora de mostrar sus emociones y expresarse.

2 y 4

Ambos son creativos e inteligentes, pero sus personalidades son demasiado parecidas como para trabajar bien juntos. Son del tipo de personas que quieren sentarse, hablar las cosas y luego avanzar. Pero no pueden hacer eso los dos a la vez, por lo que habrá muchas dudas entre ustedes hasta que decidan cuál de los dos tomará las riendas a la hora de tomar decisiones. Podría ser una relación sólida si funciona, pero de lo contrario, podría sentirse más como una amistad que como una asociación romántica.

2 y 5

Esta es una increíble combinación de dos personas genuinamente sensibles que están interesadas en descubrir más sobre sí mismas y sobre el otro a medida que crecen juntos. A los dos les encanta aprender, y ambos son muy creativos, pero con una comprensión natural de lo que es ser humano. Esta relación podría tener altibajos muy interesantes, pero podría ser realmente sorprendente cuando funcione.

2 y 6

Ambos son personas muy leales que se sienten atraídos el uno por el otro por razones emocionales, así que harán lo posible por permanecer juntos. Sin embargo, solo pueden llegar hasta donde la otra persona les empuje, lo que significa que esto dependerá en gran medida de la comunicación para que ocurra algo real entre los dos. La buena noticia es que ambos son sinceros el uno con el otro, incluso si eso significa decir la verdad cuando duele.

2 y 7

Ambos son personas extremadamente creativas que disfrutarán de la oportunidad de pasar tiempo juntos. Ambos son muy sensibles y se alimentarán de las emociones del otro, lo que podría ser abrumador en ocasiones. Esto es especialmente cierto si no son tan atrevidos el uno con el otro como lo son con los demás. No pueden dejar que su relación les haga ser perezosos, pero, por otro lado, probablemente los animará a hacer más cosas geniales juntos de las que cualquiera de los dos haría por su cuenta.

2 y 8

No se puede negar que esta combinación entre dos personas extremadamente independientes puede ser un poco explosiva por naturaleza cuando las cosas no van bien. Pero puede ser realmente agradable cuando ambos tienen una mentalidad similar y llevan sus emociones a flor de piel. Podrán aprender mucho el uno del otro, independientemente del tipo de relación que intenten establecer.

2 y 9

Ambos son personas muy solidarias que comprenden y aceptan las necesidades del otro. Sin embargo, a veces el problema es que ninguno de los dos es el tipo de persona que cuenta a los demás las cosas que le molestan. Podrían aprender mucho de esta relación si deciden que es hora de que la comunicación ocupe un lugar central en su vida diaria.

3 y 3

Ambos son personas flexibles que pueden tener deseos y necesidades contradictorias, lo que hace que las cosas sean difíciles a veces. También se les da bien resolver sus diferencias juntos y solucionarlas, así que puede que esto no sea tan malo después de todo. Ayuda el hecho de que puedan comunicarse bien el uno con el otro, incluso si eso hace que el otro se sienta un poco necesitado de vez en cuando. El mayor problema es que ambos son personas muy independientes, así que cualquier cosa que hagan juntos tendrá que ser una decisión conjunta. De lo contrario, las cosas podrían complicarse mucho.

3 y 4

Las personas independientes pueden tener deseos contradictorios. Esto es especialmente cierto en el caso de esta combinación, que puede dar lugar a muchas peleas si los dos no trabajan en sus habilidades de comunicación. Pero si consiguen hablar las cosas y resolver cualquier problema, este podría ser un gran emparejamiento. Los dos son muy honestos entre sí y con ustedes mismos. Nunca tendrá que preocuparse de que le mientan o de que su pareja se convierta en alguien que no reconoce. Se trata de una combinación muy solidaria porque ambos están muy dispuestos a analizar todos los aspectos de sus vidas con franqueza y honestidad antes de tomar cualquier decisión.

3 y 5

Ambos quieren las mismas cosas de la vida y son personas naturalmente solidarias, así que eso es un gran comienzo. Pero también son tipos muy sensibles que pueden herir los sentimientos del otro de vez en cuando si no tienen cuidado con la forma de acercarse. Pueden hacer que esto funcione teniendo discusiones entre ustedes sobre cómo podría ser una mayor implicación en su relación. Pero si no tienen cuidado, esta combinación podría ser frustrante para uno o ambos.

3 y 6

Ambos son personas concienzudas que definitivamente quieren hacer algo con sus vidas. Pueden llevarse bien porque tienen intereses e ideas similares sobre las cosas, pero hay un pequeño problema con el romance. A los dos les gusta ser mimados por sus parejas y tener la oportunidad de relajarse juntos en ocasiones. Esto supondrá un reto para los dos a veces, especialmente si se encuentran con viejos hábitos que no funcionan bien juntos. Sin embargo, merece la pena intentarlo, ya que ambos disfrutan siendo el mayor apoyo del otro.

3 y 7

Ambos son personas muy independientes a las que les gusta tomar sus propias decisiones, por lo que puede haber cierta frustración en este emparejamiento ya que no siempre están de acuerdo en las mismas cosas. Los dos son personas muy creativas, pero las cosas se pondrán bastante tensas si uno es más avanzado o el otro está atascado en sus costumbres. Son un tanto independientes el uno para el otro, lo que dificulta cualquier potencial de relación romántica entre ustedes.

3 y 8

Usted valora su libertad, lo que puede provocar una gran tensión entre ustedes si no tienen cuidado. La solución más fácil para esto es que los dos respeten la libertad del otro, incluso si eso significa que ninguno de los dos conseguirá nunca exactamente lo que quiere de esta relación. A los dos les va a costar soltarse y confiar en el otro, así que los experimentos con la fidelidad tendrán que ser completamente abiertos y acordados de antemano.

3 y 9

Tienen mucho en común en cuanto a empatía, sensibilidad y compasión. Pero hay un gran problema con esta combinación: no les gusta hablar de emociones. Los dos quieren personas que vean el mundo a través de lentes color de rosa y que no dejen traslucir que hay algo que les molesta, aunque no sea lo que usted quiere oír. Esto puede hacer que las cosas sean difíciles para ustedes porque son demasiado sensibles a las manías y hábitos del otro.

4 y 4

Son esencialmente perfectos el uno para el otro porque esta relación les dará la oportunidad de resolver cualquier problema que frene su compatibilidad. Tienen personalidades bastante similares, lo que significa que algunas cosas solo pueden mejorarse pasando más tiempo juntos. Esto es definitivamente algo bueno porque ambos quieren hacer las mismas cosas en la vida, pero también son personas muy independientes a las que les gusta tomar sus propias decisiones. Un poco de compromiso de vez en cuando es necesario.

4 y 5

Ambos son personas muy trabajadoras que tienen ideas e intereses similares, así que no hay necesidad de que esta relación se convierta en una batalla perdida. Pero cuando se trata de las necesidades básicas de conexión humana, hay algunos problemas aquí. Ambos están muy centrados en sus propias necesidades y sus propios deseos, lo que significa que, a menos que alguno de los dos pueda ver más allá de sí mismo en ocasiones, las cosas se pondrán tensas e incómodas de vez en cuando.

4 y 6

Ambos son personas muy apasionadas a las que les gusta disfrutar de la vida al máximo. Esta sería una buena combinación si pudieran pasar más tiempo juntos, pero como ocurre con la mayoría de estos combos, eso solo ocurrirá cuando realmente se esfuercen juntos y hagan un gran esfuerzo. Tienen intereses similares, algunos de los cuales son actitudes similares en la vida. Solo hay algunas diferencias básicas aquí que impiden que esto se convierta en algo más que una asociación forzada.

4 y 7

Ambos son personas muy sensibles que se sienten heridos con mucha facilidad por las acciones de los demás. Esto conduce a mucho resentimiento y celos, pero esta relación tiene el potencial de ser muy efectiva para los dos porque ambos se llevarán lo suficientemente bien cuando no sientan ningún tipo de dolor. Es posible que sientan que les están timando más que a nadie, pero no hay duda de que ambos son individuos muy trabajadores que merecen ser atendidos y apreciados por los demás.

4 y 8

Tienen mucho en común el uno con el otro en lo que respecta a sus valores y creencias, por lo que esta pareja debería funcionar bien si pueden superar algunas cuestiones básicas no resueltas. El gran problema aquí es que ambos ponen expectativas muy altas el uno en el otro, lo que puede llevar a mucha tensión entre los dos en el futuro. Pero mientras estén dispuestos a trabajar juntos en sus problemas, esta es una buena combinación para el otro.

4 y 9

Ambos son personas muy emocionales que sienten todo profundamente y necesitan mucho tiempo para sí mismos para procesar sus pensamientos y sentimientos. Esto podría ser algo bueno si pudieran aprender a compartirse mejor con los demás, por supuesto, con la ayuda del otro. Hay un sentimiento casi innato de entendimiento entre los dos que hace que se lleven bien en todo tipo de situaciones fuera de lo puramente romántico.

5 y 5

Ambos son personas muy independientes a las que les gusta hacer las cosas a su manera, y ambos buscan a alguien que sea igual de independiente. El problema de este emparejamiento es que ambos esperan que la otra persona lo sea todo para ustedes, lo que puede resultar abrumador. Tienen mucho en común y muchas cosas que les hacen sentirse frustrados el uno con el otro. Necesitan un descanso el uno del otro de vez en cuando, pero mientras ninguno de los dos se rinda, la relación puede seguir siendo buena entre los dos.

5 y 6

Los dos son personas trabajadoras y compatibles entre sí en lo que respecta a sus objetivos en la vida e incluso a la hora de disfrutarla. Ambos están aislados en sus pequeños mundos, lo que es bueno si se ven como su única esperanza. Pero, ¿qué ocurre cuando esos mundos no pueden llevarse bien entre sí? Los problemas entre los dos merecerán la pena si hay suficiente diversión en el proceso. Esto puede ser duro a veces, pero sigan adelante, y un día, las cosas mejorarán.

5 y 7

Ambos son muy leales y devotos a sus trabajos y les gustaría pasar más tiempo juntos con la otra persona. Esto puede ser algo bueno, pero también va a ser relativamente difícil construir una relación real entre ustedes porque ambos tienden a tener ideas muy diferentes de cómo deben hacerse las cosas. Tienen algunas cosas en común, pero también tendrán muchas cosas que les hacen sentir que no son comprendidos o valorados, lo que les lleva a veces al resentimiento.

5 y 8

Los dos son personas muy independientes que también se preocupan de que todos los que les rodean tengan todo lo que necesitan en la vida. Tienen ideas similares sobre lo que es mejor para el mundo y su comportamiento hacia otras personas, lo que es un comienzo prometedor para esta relación. Pero el principal problema aquí es que ambos tienen expectativas muy altas del otro, lo que puede provocar mucha tensión entre ustedes. Esto no tiene por qué ser así, pero depende de su dedicación para que esto funcione para su familia y para usted.

5 y 9

Los dos son personas muy apasionadas con muchas cosas en común y algunas que los separan. Ambos quieren asegurarse de que su familia esté a salvo de cualquier daño, pero cada uno tiene formas diferentes de hacerlo. El problema de llevarse bien el uno con el otro se reduce a estas diferencias de opinión. Si pudieran superar las diferencias, podrían convertir esta relación en una unión muy fuerte.

6 y 6

Hay muchas cosas buenas en este emparejamiento, pero por desgracia, la mayor parte se mantiene oculta al mundo porque ambos están muy aislados el uno del otro por sus propias inseguridades. Esto puede dar lugar a algunos conflictos porque ninguno de los dos quiere enfrentarse a sus inseguridades, y eso solo sale en forma de ira hacia el otro. Ambos comparten algunos de los mismos objetivos en la vida, pero piensan de forma muy diferente a la hora de llevarlos a cabo. Este será un emparejamiento difícil que requiere más comunicación que la mayoría de las otras combinaciones.

6 y 7

Los dos son personas muy trabajadoras que saben muy bien cómo disfrutar de su tiempo juntos. Hay muchas cosas buenas que suceden aquí porque ambos tienen ideas similares sobre la vida en general, pero hay una diferencia subyacente entre los dos, que llevará a mucha frustración entre los dos. Tienen algunos problemas muy arraigados que acabarán saliendo a la superficie, y cuando lo hagan, las cosas se pondrán lo suficientemente difíciles para ustedes como para que a alguno de los dos le resulte difícil hacer que funcione a largo plazo.

6 y 8

Ambos son personas muy atentas y sensibles que están dispuestas a hacer lo que sea necesario para asegurarse de que reciben todos los cuidados y la atención que necesitan, lo que les hace muy compatibles. Tienen algunos problemas muy arraigados que acabarán provocando problemas en su relación. Aun así, hay suficientes cosas buenas aquí que pueden funcionar para los dos si sus dos personalidades pudieran superar algunas de sus diferencias.

6 y 9

Aprenden el uno del otro y pueden sacar muchas cosas positivas de su relación, por lo que ambos pueden hacer que funcione incluso en los momentos difíciles. Los dos están más que dispuestos a asumir la responsabilidad de su familia, y ambos son personas muy atractivas y buenas en lo que hacen. El mayor problema de este emparejamiento es que ninguno de los dos admitirá que hay un problema entre ustedes, lo que impedirá que esta relación se convierta en algo más grande.

7 y 7

Ambos son personas muy independientes a las que les gusta tomarse las cosas con calma y simplemente disfrutar del camino, lo que contribuye en gran medida a su compatibilidad con el otro. Los dos son personas muy leales que están dispuestas a perdonar los errores que cometen los demás porque es algo a lo que no les gusta aferrarse durante demasiado tiempo. Ambos quieren ser felices por encima de todo, y hay mucha pasión entre ustedes. Este emparejamiento tiene el potencial de hacer que las cosas funcionen durante mucho tiempo, que es para lo que ambos van a necesitar del otro para mantener su relación basada en la realidad.

7 y 8

Ambos son personas muy independientes que se respetan mucho a sí mismos y al otro, lo que facilitará que los dos se lleven bien. El principal problema aquí es que ambos están acostumbrados a hacer las cosas a su manera, y ninguno de los dos quiere renunciar a esa independencia, al menos no todavía. Aquí hay muchas cosas buenas, y los dos pueden recorrer un largo camino para que funcione si lo desean, pero también hay muchos riesgos en la forma en que se manejan el uno al otro.

7 y 9

Hay mucha pasión en esta relación porque ambos son personas muy observadoras que saben leer al otro. Esto es prometedor porque les da a ambos muchas maneras de resolver los problemas sin recurrir al enfado. Los dos son personas muy pacientes a las que les gusta tomarse las cosas con calma, lo que es estupendo porque les da a los dos la oportunidad de construir una base sólida para su relación. Ambos quieren asegurarse de que todos los que les rodean sean felices, pero tienen formas diferentes de hacerlo.

8 y 8

Ambos son personas independientes que tienen una forma muy sensata y realista de ver la vida, lo que hará que los dos formen un buen equipo en muchas situaciones. El principal problema de esta relación es que ninguno de los dos tiene idea de cómo aceptar la ayuda del otro para hacer las cosas. No va a funcionar para los dos porque ninguno de los dos está dispuesto a abrirse y admitir que es capaz de necesitar la ayuda de otra persona. Ambos son personas muy leales y están dispuestos a perdonarse los errores, pero hay demasiadas cosas en el otro que no están dispuestos a aceptar.

8 y 9

Este es un emparejamiento interesante porque hará falta mucho esfuerzo por parte de ambos para que funcione. Ambos son personas muy independientes a las que no les gusta estar lejos el uno del otro, lo que puede causar algunos problemas entre los dos porque ninguno de los dos es muy afectuoso con el otro en situaciones sociales. Tienen ustedes objetivos similares en la vida, pero enfoques diferentes. Esto es prometedor porque les da a los dos la oportunidad de probar algo diferente y ver si funciona, pero aquí también hay muchos riesgos porque ambos tienen personalidades muy fuertes que se interpondrán en el camino para que su relación funcione.

9 y 9

Este es un emparejamiento fácil porque los dos son muy buenos comprendiendo y respetando el punto de vista del otro. Ambos son personas independientes que suelen estar contentos de hacer las cosas de una manera que se ajuste a sus propios horarios y condiciones. No hay mucho espacio para el crecimiento en esta relación porque ambos están acostumbrados a hacer las mismas cosas en la vida que el otro, lo que significa que las cosas no mejorarán entre los dos. Este será un emparejamiento difícil porque ambos se respetan mucho, pero no saben cómo afrontar las cosas.

Capítulo 10: Calcular el valor vibratorio de todo

En este capítulo, aprenderá cómo la numerología puede ayudarle en su vida. Todo tiene un valor vibratorio en forma de sus propios números únicos, incluidos los lugares, las personas, los animales, las fechas de las ocasiones y mucho más. Hay mucho que ganar con el uso de la numerología para avanzar en la vida, ya que puede ayudarle a ver dónde están sus puntos fuertes y débiles, a afrontar los retos que se le presenten con una sensación de facilidad y gracia, y a ver mejores formas de conectar con el espíritu en su vida, y mucho más. Trabajar con los números para hackear el juego de la vida es muy fácil. Repasemos cómo la numerología puede cambiar el juego para usted. Exploremos cómo puede aplicar la numerología a su vida diaria.

Tomar decisiones de inversión

Al utilizar la numerología en sus decisiones de inversión, podrá tomar decisiones acertadas sobre cómo y dónde invertir en el futuro. Verá, tanto si invierte en el mercado de valores, en negocios inmobiliarios, en criptodivisas o en cualquier otra cosa, toda inversión es una apuesta de algún tipo, y puede aumentar sus probabilidades de obtener beneficios si utiliza la sabiduría que le proporciona la numerología. ¿Cómo? Armonizando lo que está trabajando con la numerología.

La numerología puede guiarle en sus decisiones de inversión
https://unsplash.com/photos/jpqyfK7GB4w

Si está planeando invertir en el mercado de valores, por ejemplo, tiene sentido calcular la energía de todos los números asociados a ese mercado en particular, ya sean mercados financieros o de otro tipo. Después, podrá decidir si le parece bien invertir o no. Lo bueno de hacer esto es que le saca del ámbito de la "sensación visceral" y le lleva a un marco más racional y analítico en el que su mente está abierta a tomar decisiones basadas en los hechos, no en lo que se "siente bien". Utilice la numerología en todas sus decisiones de inversión para tomar decisiones acertadas sobre cómo y dónde invertir el dinero que tanto le ha costado ganar.

Mejore la compatibilidad de sus relaciones

Las relaciones son un trabajo duro cuando son nuevas. De hecho, suelen ser un trabajo muy duro. Pero puede utilizar la numerología para saber cuándo su relación está en sintonía con otras personas. ¿Tiene una pareja con la que no es compatible? Utilizando la numerología, podrá ver cuáles son los problemas centrales entre ustedes dos. Esto también le dirá cuánto tiempo y energía se necesitará para remediar esos problemas. Tampoco pretende ser una revelación deprimente, sino una forma útil de averiguar en qué punto se encuentran las cosas en su relación para que ambos puedan empezar a hacer cambios juntos. Verá, las relaciones no permanecen estancadas para siempre: crecen y se desarrollan con el tiempo, como todo en la vida. Usted y su pareja querrán hacer lo que puedan para ayudarse mutuamente a crecer, ¿no? Entonces, ¿por qué no querría utilizar la numerología, no solo para ustedes dos, sino también para el resto de sus relaciones?

Mejore su desarrollo espiritual

Verá, la numerología es una brújula que señala el camino hacia dónde queremos ir. Por lo tanto, no necesita ninguna instrucción especial para que le funcione. Simplemente funciona porque todo tiene una vibración, incluidos los números. Se trata de darse cuenta de la conexión entre usted, su mundo y todos los demás mundos que se entremezclan con el suyo. Cuando sepa interpretar esas conexiones, podrá dar sentido a las cosas de una forma interesante y muy útil. Todo en la vida es un rompecabezas, y la numerología es una de las muchas herramientas que le ayudarán a resolverlo. Proporciona una valiosa visión de la vida y de usted mismo.

Haga cambios en su vida

Creo que es seguro decir que todo gran cambio en la vida comienza con una decisión. Cuando utilice la numerología para tomar esa decisión, obtendrá mucho más a largo plazo. La numerología puede ayudarle a darse cuenta del tipo de persona que realmente es: puede mostrarle los puntos fuertes y débiles y los talentos y desafíos. La vida es un viaje, y usted está cambiando a cada paso del camino. Pero, ¿con qué frecuencia hacemos esos cambios sin pensarlo dos veces? Probablemente no muy a menudo. Entonces, ¿qué le parece utilizar la numerología para realizar un cambio en su vida? Si la numerología funciona para todo lo que le rodea, ¿por qué no utilizarla también para provocar un cambio en su vida? Tiene sentido, ¿verdad? Cuanto más se entienda a sí mismo y más pueda interpretar lo que ocurre a su alrededor, más feliz y mejor será. A medida que aprende a utilizar la numerología, todo empieza a tener más sentido, ¡así de sencillo!

Ayudarle a criar a sus hijos

Ustedes ya tienen mucho en su plato como padres. Entre mantener su hogar en funcionamiento y criar a sus hijos, hay mucho que hacer. Pero la numerología puede ayudarle a enfrentarse mejor a todo ello. Cuando se ocupa de los niños y de su vida cotidiana, no tiene tiempo para dudar de sí mismo: cada decisión es importante y tiene ramificaciones a largo plazo. Por ello, le recomiendo que utilice la numerología para acotar sus opciones a la hora de tomar estas decisiones: le mantendrá con los pies en la tierra para que su intuición sea atendida y se mantenga intacta en todo momento. Supongamos que uno de los niños sigue discutiendo con otro en la escuela. Antes de que se dé cuenta, los dos niños se están peleando hasta el punto de hacerse daño de verdad. ¿Qué hace usted entonces? ¿Juega al juego de "él dijo, ella dijo"? ¿O utiliza la numerología para decidir cómo manejar este problema, especialmente porque se ha convertido en algo que está causando a su hijo más estrés del que necesita?

Si, en lugar de asumir todos estos retos, ambos niños pudieran aprender que no están teniendo una discusión - que en realidad están inventando una historia - ¿qué beneficio tendría para ellos? Entre otras cosas, usted estaría eliminando mucha energía innecesaria de su hogar. Una de las mejores cosas que puede hacer para ayudar a sus hijos a crecer y convertirse en adultos sanos y felices es enseñarles a utilizar la numerología. Verá, comprender la numerología es una habilidad muy valiosa para la vida: se trata de entender cómo funciona todo en el universo y cómo los números influyen en todo lo que ocurre en nuestro mundo. Cuando puede dar sentido a cómo funcionan los números y por qué lo hacen - y cuando lo hace con amor y respeto - entonces está ayudando a sus hijos a crecer como adultos conscientes de sí mismos y decididos.

Utilícela para identificar a los mejores socios comerciales

Otra forma en que la numerología puede ayudarle es identificando a los mejores socios comerciales. Encontrar buenos socios comerciales es algo muy complicado. Hay mucho que decir sobre tener la asociación adecuada para ayudarle a avanzar en su carrera y obtener beneficios. Pero, ¿cómo saber si un socio comercial le ayudará o no y cómo puede utilizar la numerología para saber si es el adecuado para usted? La clave es mirar la energía que hay detrás de su nombre: existe algo llamado compatibilidad numerológica, que se basa en la energía que hay detrás del nombre de cada persona. Utilice esa energía como barómetro para su asociación y para averiguar si tendrá éxito o no. Elimina las conjeturas de las asociaciones empresariales. Todo hombre de negocios quiere saber que está trabajando con alguien que hará el trabajo, y nada supera esa sensación de hacer negocios con alguien que entiende lo que usted quiere. Cuando utilice la numerología, podrá trabajar en armonía con otra persona, lo que significa mayores posibilidades de éxito.

Averigüe sus objetivos profesionales

A menudo no conoce sus objetivos profesionales cuando es joven. Como resultado, toma decisiones que no se ajustan a lo que realmente le importa. Los jóvenes cometen este error muy común, tan común, de hecho, que los medios de comunicación lo utilizan habitualmente para vender sus productos. Es un gran error porque tendemos a trabajar más de lo necesario cuando tenemos objetivos profesionales que no están alineados con nuestros valores fundamentales. A veces trabajamos tan duro que se vuelve contraproducente, a veces demasiado duro incluso para disfrutar de lo que estamos haciendo. Como parte de su misión en la vida, utilice la numerología como guía para trabajar hacia estas metas y objetivos. Es difícil saber lo que se quiere en la vida cuando se es joven. Pero la numerología puede ayudarle a averiguar sus objetivos profesionales, y no importa si esos objetivos son grandes o pequeños. Al fin y al cabo, saber lo que quiere le da una dirección a su vida. Tener este tipo de dirección en su vida es muy importante, ¿no?

Utilícela para tomar sabias decisiones financieras

Si le preocupan las decisiones financieras, entonces tiene sentido aprender más sobre la numerología. Al fin y al cabo, no hay nada que tenga mejor historial que lo bien que puede ayudarnos en todo, desde la inversión hasta la toma de decisiones financieras. De hecho, la numerología es una de las formas más fiables de tomar decisiones financieras acertadas.

Tanto si es usted un gran gastador como si es un poco frugal, la numerología puede ayudarle a tomar decisiones financieras acertadas. Cuando utilice la numerología, verá que no existe la casualidad y que todo tiene una razón. En nuestro universo, el dinero hace girar el mundo. La numerología nos permite interpretar la energía de los números para tomar decisiones financieras más sabias, y eso es algo que todo el mundo debería saber hacer.

Tomar buenas decisiones en general

Tomar buenas decisiones es similar a tomar decisiones financieras sabias: se trata de investigar y asegurarse de que la decisión coincide con sus objetivos, valores y planes a largo plazo. Con la numerología como brújula, tiene toda la información que necesita a su disposición para tomar la mejor decisión posible.

Utilícela para interpretar los sueños

Probablemente se pregunte de vez en cuando sobre sus sueños. ¿Por qué alguien se haría una pregunta así cuando ya lo ha soñado? ¿Por qué no iban a dejar las cosas claras? ¿Por qué preguntar algo de lo que ya saben la respuesta, ¿verdad? Pero cuando utilice la numerología, podrá dar sentido a sus sueños y a la razón por la que los tiene. Puede utilizar la numerología para averiguar el significado de los símbolos que más le llamaron la atención en el sueño, o puede utilizarla para los nombres de las personas que vio. Puede hacer lo mismo para los lugares que sueña o si tiene uno de esos sueños en los que una determinada palabra le salta a la vista.

Cultivar una familia sana

Si tiene hijos, sabrá que la mayoría de los padres lo único que desean es que sus hijos se sientan conectados - con todo - y que crezcan hasta convertirse en adultos sanos y felices. El uso de la numerología le ayudará a reforzar el vínculo emocional con sus hijos, haciéndolo más fuerte que nunca. Esto puede ayudarle no solo con sus hijos, sino también con toda su familia.

Comprender lo que mueve a la gente

Si no sabe por qué las personas actúan como lo hacen, nunca podrá entender lo que las hace funcionar. La numerología le permite entender esto, y es más fácil de lo que cree. ¿Por qué? Porque todo tiene una vibración, todo tiene un significado. Cuando sepa interpretar ese significado, comenzará a entender cómo funciona la gente. No es tan difícil en absoluto, y una vez que empiece a hacerlo, se encontrará con todo tipo de respuestas sobre los demás en todo el mundo.

Determine si alguien es digno de su tiempo o no

A menudo no sabemos si alguien merece o no nuestro tiempo hasta que nos sentamos con él uno a uno durante un rato. Pero, ¿por qué desperdiciar todo ese esfuerzo cuando hay una forma más fácil? En lugar de hacerlo, utilice la numerología para averiguar si merece la pena hablar con ellos en primer lugar.

La numerología puede ayudarle con su salud

¿Sabía que la numerología puede ayudarle a resolver sus problemas de salud? Cuando utilice la numerología, podrá observar los números y comprender cuáles desempeñarán un papel en su proceso de curación. Todo lo que ocurre en nuestras vidas lo hace por una razón. Cuando podemos ver más allá de la razón que se nos da, podemos ofrecernos la oportunidad de cambiar. El cambio es bueno, si se produce en las circunstancias adecuadas. Puede utilizarla para averiguar cuáles son los mejores alimentos que son compatibles con usted.

La numerología puede ayudarle a alcanzar la ascensión espiritual

La numerología le proporciona las herramientas que necesita para alcanzar la ascensión espiritual. También le da la información que necesita para comprender la importancia de la ascensión. Una vez que sabe lo que es, es fácil pasar a la acción, y no hay mejor momento que ahora. Cuando pensamos en la ascensión espiritual, a muchos nos cuesta creer que sea posible. Pero si utiliza la numerología para ayudarle en este proceso, se encontrará en el camino de la ascensión espiritual en muy poco tiempo. Esta es una de esas cosas que tienen el potencial de ayudarnos a crecer. Todo lo que tiene que hacer es tratar de vivir en alineación con todos los números que son relevantes para usted.

¿Se le ocurren otras formas de trabajar con los números en su vida? Cualquier cosa que se le ocurra, la numerología le ayudará. Es una herramienta tan maravillosa que puede ayudarle a vivir su vida plenamente y a alcanzar su mayor potencial.

Conclusión

Por fin ha llegado al final de este libro, y ha sido todo un viaje. Recuerde que lo mejor que puede hacer es poner en práctica lo que ha aprendido, y tampoco se detenga con este libro. Hay mucho más que puede aprender sobre el tema.

Una práctica que merece la pena es meditar con estos números en mente y ver las impresiones que obtiene de cada uno. Si está ayudando a otras personas con sus lecturas, también puede meditar con ellos en mente antes de ayudarles finalmente a elaborar una carta o explicarles cuáles son sus retos y qué deben hacer para superarlos.

Los números siempre han sido una parte intrincada de nuestras vidas, y es una gran suerte que haya llegado al lugar de su vida en el que ahora se da cuenta de esto y está pasando a la acción al leer este libro. Debe seguir contemplando lo que significan los números y hacer un balance de su vida desde que nació hasta este momento para averiguar cómo le han afectado todos estos años.

Recuerde que el hecho de que los números puedan ser bastante precisos todo el tiempo no significa que siempre esté condenado a experimentar las luchas relacionadas con ese número. En realidad, puede superarlo todo con algo de perseverancia y fe en sí mismo. Los números no pretenden hacerle sentir como si estuviera cautivo de un destino que no ha contratado; el conocimiento de la numerología está pensado para darle poder y ayudarle a darse cuenta de lo mucho más rica y satisfactoria que podría ser su vida si siguiera el plan de su alma.

Cuanto más se sumerja en este tema, más descubrirá y más evidente le resultará que los caldeos sabían *exactamente* lo que hacían cuando idearon este sistema de adivinación. No sea demasiado duro consigo mismo por no ser capaz de recordar lo que significa cada número porque puede y debe tomarse su tiempo con esto.

Segunda Parte: Astrología predictiva

Desvele los secretos ancestrales en torno a los números, la adivinación y la astrología

Introducción

Querido lector, no es casualidad que haya dado con este libro. Todo en el universo funciona a través de la sincronización divina. Las circunstancias que le han conducido a este libro eran ciertas, estaban planeadas y aquí está usted, leyendo estas palabras.

Entonces, ¿por qué está aquí? ¿Es mera curiosidad? ¿Es usted un astrólogo principiante que busca más conocimientos astrológicos? ¿Desea convertirse en un profesional en el arte de la Astrología predictiva?

Sea cual sea su respuesta, ha llegado al lugar adecuado. Este libro no analiza superficialmente los signos solares y algunas características frívolas sobre quién es usted. Al contrario, este libro profundiza en el conocimiento sagrado de los planetas, los signos, las casas, las colocaciones, los aspectos, la numerología, etc.

Usted se ve afectado constantemente por diversas energías ambiguas y ya es hora de que se familiarice con estas misteriosas influencias. ¿Qué quieren de usted? ¿Cómo funcionan? ¿Por qué le afectan de esa manera? ¿Cómo interpretar los movimientos de los planetas y descifrarlos? Es hora de que conozca su posición en el universo, su identidad real y su verdadero camino durante esta vida.

Puede que sienta que los conocimientos de este libro son desalentadores, pero no hay razón para preocuparse. Este libro está perfectamente diseñado para cualquier principiante. Incluso si no sabe mucho sobre el tema, descubrirá que todo lo que aquí se expone es fácil de asimilar y comprender.

También podrá practicar lo que ha aprendido. Encontrará instrucciones claras que le guiarán y le ayudarán con las predicciones astrológicas. Cuanto más practique lo aprendido, más fácil le resultará el proceso de aprendizaje. Se convertirá en un ávido estudiante de astrología en muy poco tiempo e interpretará el movimiento de los planetas con facilidad.

Capítulo 1: Introducción a la astrología predictiva

Los antiguos egipcios creían que el poder del Año Nuevo les era infundido bajo la constelación Draconis

https://www.pexels.com/photo/people-toasting-wine-glasses-3171837/

La Astrología surgió con la aparición de las grandes civilizaciones primitivas del hombre. El registro más antiguo de la Astrología se encuentra en las paredes de las estructuras del Antiguo Egipto. Celebraban el Año Nuevo bajo la constelación Draconis, que contiene los nodos Norte y Sur. Creían que el poder que les infunde el Año Nuevo bajo esta constelación es una conexión con su conciencia interior.

Más tarde, los antiguos babilonios observaron los movimientos celestes y se dieron cuenta de que cada mes había una constelación diferente que aparecía de forma más prominente que otras en los cielos. También observaron el movimiento de los planetas y situaron asociaciones especiales con sus dioses en estos movimientos. También creían que estos movimientos portaban mensajes.

Estas dos civilizaciones allanaron el camino a la Astrología Occidental, de la que se hablará en este libro. Los orígenes de la Astrología occidental proceden de los antiguos griegos, que dieron nombre a las constelaciones del zodiaco. Basándose en sus observaciones, creían que cada signo del zodiaco aportaba ciertas características que serían más prominentes. Así fue como Piscis se convirtió en el signo emocional y soñador y Capricornio en el gran capataz.

Al igual que los babilonios, los romanos dieron a los planetas el nombre de sus dioses, pero esta vez los suyos se han quedado para siempre. A día de hoy, los planetas siguen teniendo sus antiguos nombres romanos.

Tanto los griegos como los romanos utilizaban la astrología como forma de adivinación. Sin embargo, con el paso de los siglos, la astrología se convirtió más en pseudociencia que en ciencia real y se terminó creyendo menos en ella. Todo eso cambió después de que Carl Jung publicara un libro en el que hablaba de la psicoastrología, que relacionaba la Astrología y la psique humana. Después de eso, la Astrología volvió a despegar y se convirtió en la astrología avanzada que conocemos hoy en día.

La Astrología trabaja mano a mano con el principio hermético: "Tal y como es arriba, es abajo". Cada planeta y signo llevan diferentes energías en su interior y, al orbitar juntos, irradian energías que afectan a la humanidad. Estas energías se reflejan en quién es usted, el entorno en el que ha nacido y hacia dónde se dirige su vida. A través de la Astrología, puede prever los acontecimientos venideros, su crecimiento y en quién se convertirá.

La Astrología también está fuertemente vinculada a la Numerología, otra pseudociencia que correlaciona los números con los acontecimientos de la vida y con quién es usted como persona. La idea es que todo el mundo tiene una trayectoria vital y sea cual sea este número, está conectado a uno de los planetas. Esto significa que usted está conectado energéticamente a este planeta a través de la Numerología y la Astrología.

En los próximos capítulos, aprenderá sobre el poder de los planetas, lo que representa cada uno, su efecto en su vida cotidiana y su influencia sobre usted. También leerá sobre los diferentes signos y casas del zodiaco que aparecen en su carta astral. Averiguará lo que significan y representan.

Tras acumular estos conocimientos astrológicos, podrá echar un vistazo a su pasado, presente y futuro. Su carta natal puede justificar a fondo su pasado, explicar su presente y darle la previsión para ver el futuro. Una vez que comprenda cómo leer su carta natal y, lo que es más importante, cómo utilizarla, podrá satisfacer su curiosidad y responder a cualquier pregunta que haya rondado sin cesar por su mente.

Capítulo 2: Los planetas y sus números

Últimamente, las redes sociales se han inundado de astro charlas sobre los "tres grandes", el sol, la luna y el signo ascendente. Se ha hecho tan popular que la pregunta ahora es: "¿Cuáles son sus tres grandes?" en lugar de: "¿Cuál es su signo solar?".

No cabe duda de que estos cuerpos astrológicos tienen las claves de nuestros planos, pero ¿son los únicos que guardan esos secretos? En absoluto. Solo son una parte de un rompecabezas mayor. Entonces, ¿qué pasa con el resto? Si se pregunta esto ya es hora de que empiece a indagar más en profundidad. Empecemos por el sol.

El Sol

Glifo: ☉

El sol es el núcleo del sistema solar y también es el núcleo de la personalidad en la carta natal. Puede que no sea un planeta, pero es un poderoso cuerpo luminoso que da forma a su identidad y expresa quién es usted.

Su colocación en la carta natal representa la lucha de la individualización, el ego, la energía, las figuras de autoridad, la capacidad creativa y la forma en que los humanos asumen los retos. Esta estrella gigante tiene una energía masculina innegable. Por eso representa figuras masculinas, incluido el padre. Sin embargo, la forma en que está representado depende de la casa en la que se encuentre el sol y del signo, así como del tipo de aspectos que comparta con los demás planetas.

Es bien sabido que el sol rige Leo, afectando naturalmente a partes del cuerpo como la parte superior de la espalda, el timo, el corazón y la médula espinal.

En numerología, el número uno representa el liderazgo y la independencia, características similares a las que representa el sol. No es de extrañar que el número uno se asocie con el astro gigante.

También es importante señalar que cada cuerpo luminoso y planeta reacciona de forma diferente bajo determinados signos. Cuando un planeta está exaltado bajo un signo específico, da todo su poder y cuando está en caída, su energía disminuye notablemente.

¿Ha adivinado ya bajo qué signo está exaltado el Sol? Podría suponerse que es Leo, pero es Aries. El sol está domiciliado en Leo, lo que significa que desprende una buena cantidad de energía, ya que tiene el dominio sobre este signo.

Sin embargo, se encuentra en detrimento en Acuario, por lo que, como astrólogo, debe esperar de él la menor cantidad de energía. Sin embargo, esto no termina aquí. Esta estrella está en otoño en Libra, considerada la posición más débil para ella.

Aunque hay otros cuerpos luminosos y planetas que influyen en la vida de los humanos, el sol es uno de los cuerpos celestes más vitales a tener en cuenta por la cantidad de poder que posee y por cómo moldea la personalidad de cada uno. Por eso la gente siempre pregunta por los signos solares más que por cualquier otra cosa. Solo quieren saber quién es uno en su esencia y por eso los astrólogos comprueban el signo solar de un cliente antes de comprobar el resto.

Palabras clave:
- Individualización
- Ego
- Confianza
- Expresión creativa
- Conciencia
- Vitalidad

Signo: Leo
Casa: 5ª
Elemento: Fuego
Símbolo: Escudo de Apolo
Día de la semana: Domingo
Número: 1

La Luna

Glifo: ☾

La luna siempre ha sido un cuerpo luminoso místico al que la humanidad ha tenido en gran estima y por una buena razón. Esta esfera brillante influye en las emociones y rige la intuición. Puede sentir fácilmente su hermosa energía femenina cuando conecta con sus emociones, escucha su intuición y se permite ser vulnerable. La luna también influye en su lado nutritivo y en sus instintos maternales.

Uno de los datos clave sobre la luna es que está exaltada en Tauro, domiciliada en Cáncer, en detrimento en Capricornio y cae en Escorpio. Rige el estómago, ya que es un cuerpo luminoso que se asocia con la maternidad y la crianza.

En numerología, la Luna está asociada al número dos. Las personas que están representadas por este número son sensibles, intuitivas, emocionales, cariñosas, serviciales y muy afectuosas. Estas características reflejan lo que es la luna y resuenan profundamente en los nativos del número dos.

Regente de la cuarta casa y de Cáncer, la Luna describe su relación con su madre y podría darle pistas sobre la esencia de su esposa. Dependiendo de su colocación en su carta natal, podría decirle cómo trata su yo emocional, si lo atiende o lo ignora. Para entenderlo mejor, debe comprobar en qué fase lunar nació.

Las personas de luna nueva son más entusiastas a la hora de iniciar proyectos. Como reflejo de la nueva fase, suelen estar rebosantes de energía fresca. Sin embargo, esto viene acompañado de un poco de ingenuidad y de una incapacidad para establecer límites reales consigo mismos y con los que les rodean.

La segunda fase de la luna, también conocida como creciente, está centrada en el crecimiento. Los individuos nacidos bajo esta fase están naturalmente orientados al crecimiento, son progresistas y dinámicos. Estos humanos casi rezuman vitalidad y hay una frescura innegable en ellos. Su inconveniente tiene que ver con la superación de su pasado. Suelen aferrarse a él durante mucho tiempo y no saben cómo dejarlo ir.

Por otro lado, las personas de primer trimestre se ven impulsadas a la acción por una agitación emocional la mayor parte del tiempo. Este conflicto interno les impulsa a pasar a la acción, lo que les lleva a proyectarlo en los demás. En general, es divertido estar con ellos porque son apasionados y su empuje es contagioso. Los primeros cuartos siempre saben cómo hacer que las cosas sucedan. Tienen una actitud agresiva a la hora de enfrentarse a la vida, por lo que a menudo se sienten confusos cuando sus seres queridos no reflejan el mismo fogoso estado de ánimo.

Al igual que la media luna creciente, las almas de luna gibosa están orientadas al crecimiento. Buscan la iluminación y la educación a lo largo de su vida. También tienen el impulso de ayudar a su comunidad o beneficiar a la sociedad. Suele ser esclarecedor estar cerca de ellos porque suelen ser generosos con sus conocimientos. Sin embargo, a menudo se encuentran desconcertados a la hora de comprenderse a sí mismos y al universo.

Esto nos lleva a la luna llena. Las personas nacidas bajo esta fase están llenas de potencial y energía, casi reflejando la brillante luz de la luna. Su entusiasmo e iluminación son inspiradores y su talento indiscutible. A menudo tienen problemas emocionales y se encuentran divididos entre sus problemas emocionales y mentales. Sin embargo, esta división interior se siente intensamente y la mayoría de sus revelaciones atraviesan esta gruesa capa de conflicto interior.

Nacidos bajo la fase difusora, estos individuos son mensajeros espirituales o políticos y a veces son ambas cosas. Son conocidos por su sentido del humor y su generosidad con el conocimiento. Como una polilla a la llama, atraen a los amantes, pero eso no siempre les asegura un final feliz en lo que a su vida amorosa se refiere.

Al igual que el primer trimestre, los del tercer trimestre experimentan graves conflictos internos. Sin embargo, lo interiorizan todo en lugar de proyectar este estrés en los demás. Están muy seguros de sí mismos, especialmente en lo que se refiere a ideologías y principios personales. La flexibilidad no está en su diccionario y se toman las críticas muy a pecho.

Su sentimentalismo suaviza su comportamiento distante y su independencia es a menudo inspiradora.

Conocidos por su perspectiva ilustrada, los individuos de cuarto creciente menguante están en armonía consigo mismos y con los demás. Las perspectivas de los demás sobre la vida no les molestan lo más mínimo y son almas muy del tipo vive y deja vivir. Tienen un fuerte sentido de sí mismos y a veces desearían que los demás vieran la sencillez de la vida como ellos.

Frente a la luna nueva, la luna oscura es la última fase lunar. Las personas nacidas bajo esta fase se encuentran atraídas por un destino vital dirigido por el universo. A menudo son proféticos y están dispuestos a sacrificarse por una causa que podría alterar la vida para mejor. Son un tipo peculiar de visionarios, por lo que otros sienten que los de la luna oscura trabajan para algo mucho más grande que ellos mismos. La mayoría de ellos tienen talento artístico y su trabajo destaca.

Palabras clave:
- Emociones
- Intuición
- Habilidades psíquicas
- Seguridad
- Nutrir
- Madre
- Hogar
- Raíces

Signo: Cáncer

Casa: 4ª

Elemento: Agua

Símbolo: Una media luna

Día de la semana: Lunes

Número: 2

Nodos lunares

Conocidos como los Nodos Lunares, el Nodo Norte y el Nodo Sur no son cuerpos planetarios en el espacio, sino puntos calculados uno frente al otro. Se calculan en función de la relación entre el sol, la luna y la hora de nacimiento.

La idea que subyace a los nodos es que las almas entran en la Tierra con cualidades sobre desarrolladas y subdesarrolladas de una vida pasada. Al revelar su destino kármico, los nodos actúan como una guía para los humanos conduciéndoles a su camino.

Los nodos lunares transitan cada 18 meses, así que recuerde que se trata de un signo universal para empezar a trabajar diferentes aspectos de usted mismo cada vez que cambia de signo. Compruebe qué tipo de aspectos tienen con sus nodos lunares natales, si es que los hay.

No tienen necesariamente un regente como otros signos, sino que están regidos por el signo al que pertenecen. Una forma fácil de saber qué planeta rige sus nodos lunares es comprobar qué planetas rigen los dos signos que ocupan sus nodos lunares.

Nodo lunar norte

Glifo: ☊

En pocas palabras, el Nodo Norte ilumina el camino que su alma debe seguir. No sentirá necesariamente que debe seguir este camino, pero sí como si le empujaran amablemente hacia una determinada vía. Una vez que siga este camino, sentirá que pertenece a él. Sentirá que es el lugar que le corresponde, como si debiera haber estado ahí todo el tiempo. Sin embargo, no se preocupe. Si se siente perdido, la lucha general forma parte del camino.

Nodo Lunar Sur

Glifo: ☋

Opuesto a su hermana lunar, el Nodo Sur muestra aquello en lo que usted ya es bueno. Piense en él como una lista de sus dones naturales. Estas cualidades naturales le ayudarán en su vida, pero confíe demasiado en ellas y se convertirán en una trampa.

Glifo de Lilith de la Luna Negra: ⚸

Similar a los Nodos, la luna negra no es un cuerpo flotante en el espacio, sino que se refiere a un punto en el que la luna está más alejada de la tierra. Este emplazamiento geométrico recibe su nombre de la mítica Lilith. Se cree que fue la primera esposa de Adán y que le abandonó porque rechazaba su superioridad. Sin embargo, Lilith es vista como una mujer liberada, rebelde y autónoma. Esto arroja luz sobre lo que significa la luna oscura en su carta natal.

Dependiendo de su colocación en su carta, Lilith revela la naturaleza de su yo en la sombra y de quién es usted en el fondo. Muestra la presencia o ausencia de autoridad interior, poderes seductores, sensualidad y liberación. También arroja luz sobre su comportamiento obsesivo o autodestructivo y le insta a modificarlo.

La misma lógica se aplica cuando la luna oscura está en tránsito. Permanece nueve meses en un signo y luego transita a otro. Cuando aterriza en otro signo y casa, le anima a pensar en las cualidades que representa esta colocación para ser consciente de cómo podría comportarse durante este periodo. Recuerde comprobar los aspectos de la luna oscura con su Lilith natal.

Mercurio

Glifo: ☿

Ahora que ya sabe qué influye en su personalidad y sus emociones, es el momento de presentarle a Mercurio. Este planeta revela la naturaleza de la mente, cómo funciona y cómo reacciona y se expresa. Para entenderlo mejor, puede fijarse en dónde se encuentra su Mercurio. Si está en Sagitario, usted piensa como este signo; tiene un cerebro lleno de curiosidad. Su mente está más en sintonía con las humanidades, le atrae la filosofía y dedica tiempo a pensar en el sentido de la vida. La misma lógica se aplica a cualquier otro signo y casa.

Mercurio es el planeta más cercano al sol, por lo que si su signo solar está en Cáncer, su Mercurio podría estar en Leo. Dicho esto, localizar la colocación de este planeta no debería ser difícil. Por lo general, precede o precede al sol.

Mercurio representa en astrología la comunicación, la tecnología, el transporte, la autoexpresión, el intelecto y las facultades mentales en general. La forma de hablar, escribir y realizar las actividades cotidianas está influida por este planeta. Rige tanto al enérgico Géminis como al disciplinado Virgo y las casas 3ª y 6ª. Está exaltado en Virgo, domiciliado en Géminis, detrimento en Sagitario y caída en Piscis.

Este cuerpo celeste también influye en los sistemas respiratorio y nervioso, por lo que suele ser una buena idea cuidarlos más cuando está retrógrado. Por desgracia, muchas cosas pueden ir mal durante un retrógrado. Por eso la gente tiende a desconfiar, sobre todo cuando los astrólogos les aconsejan que nunca se sometan a una operación ni firmen ningún contrato durante esta época del año.

El razonamiento que subyace a este recelo es sencillo. Este planeta ejerce una poderosa influencia sobre la tecnología y nuestras mentes. Pasar por el quirófano podría ser peligroso porque las máquinas de alta tecnología pueden volverse locas y quizá la mente del médico no esté tan concentrada. La misma lógica se aplica a los contratos. Podría ser más propenso a saltarse algunos párrafos vitales o a malinterpretar algunas palabras que podrían ser perjudiciales para su carrera.

Es relativamente fácil ver por qué Mercurio tiene mala fama, pero es esencial recordar que la mayor parte del tiempo, solo le ayuda y le da el poder de estar centrado y expresarse con autenticidad.

Ahora que tiene una buena idea de lo que Mercurio representa en astrología, es hora de mirarlo a través de la lente de la numerología. Este planeta tiene una conexión con el número cinco. Por lo general, los nativos de este número encarnan las características típicas de Mercurio. Son vivaces, inteligentes, aventureros y comunicativos.

Palabras clave:
- Mente
- Pensamiento
- Comunicación
- Intelecto
- Tecnología
- Transporte
- Autoexpresión

Signos: Géminis y Virgo
Casas: 3^a y 6^a
Elementos: Aire y Tierra
Símbolo: Caduceo de Mercurio
Día de la semana: Miércoles
Número: 5

Venus

Glifo: ♀

El planeta del amor, Venus, es uno de los cuerpos celestes más populares entre los nuevos enamorados. Este planeta influye mucho en la vida amorosa, en las relaciones íntimas pasajeras y en la forma de amar y mostrar afecto. También revela algunas verdades sobre la sensualidad, las manías y la sexualidad femenina.

Este planeta centrado en el amor rige tanto Libra como Tauro y las casas 2ª y 7ª. Está exaltado en Piscis, domiciliado en Libra y Tauro, en detrimento en Aries y caído en Virgo. Rige los riñones, las venas y los ovarios cuando se trata de las funciones corporales.

La posición de Venus es vital en lo que se refiere a las relaciones. Normalmente, los clientes preguntan por la colocación de su pareja para saber más sobre su lenguaje amoroso y cómo le gusta que le quieran. La cuestión es que no todo el mundo es consciente de lo que le gusta en las relaciones íntimas. Estos temas son turbios para ellos y puede que no sean conscientes de su estilo.

Así es como Venus ilumina a la gente. Hay muchas parejas a las que les gusta comparar su signo de Venus con el de su pareja. Esto arroja mucha luz sobre cómo pueden mostrar afecto en la relación y apoyarse armoniosamente.

Aparte de la vida amorosa humana, este planeta también rige el arte. Piense en la música, la pintura, la fotografía y cualquier tipo de actividad que requiera creatividad. Venus rige esta faceta artística suya. Le indica qué tipo de arte le gusta y cómo prefiere expresarse creativamente. Por eso también rige el bello equilibrio y el arte de Libra.

Venus también rige las finanzas y todo lo relacionado con el dinero, lo que lleva a Tauro a su redil. Si quiere saber más sobre cómo llega el dinero a su vida, con qué rapidez o lentitud y sobre su relación con él, quizá le interese comprobar en qué signo y casa se encuentra su Venus.

Ya se habrá dado cuenta de que este planeta influye en varios aspectos de la vida que tienen que ver con los sentimientos. En otras palabras, este planeta co-rige las emociones relacionadas con las relaciones románticas junto con la luna.

Esta armonía entre Venus y la Luna indica que tienen una gran energía femenina e influencia sobre los órganos femeninos. Sin embargo, esto no significa que los hombres no puedan relacionarse con ninguno de los dos cuerpos celestes, porque al fin y al cabo toda la humanidad tiene tanto energía femenina como masculina. Se puede afirmar que tanto si es mujer como si es hombre, cualquiera de los dos cuerpos luminosos ejerce una gran influencia sobre usted y es vital que investigue lo que eso significa para usted.

Este planeta mantiene una relación armoniosa con el número seis y los nativos de este número reflejan las características venusinas. Es fácil identificar a estas personas por su sentido del estilo y la moda. Les encanta ser admirados y saber que son deseados. Disfrutan especialmente con los artículos de lujo y la comida sabrosa y son aficionados a todo tipo de arte. Es fácil que caigan en un estilo de vida hedonista y se les suele advertir contra ello.

Palabras clave:

- Arte
- Vida amorosa
- Afecto
- Sexualidad femenina
- Sensualidad
- Seducción
- Hedonismo
- Energía femenina
- Belleza estética
- Relaciones
- Finanzas

Signos: Libra y Tauro
Casa: 7
Elementos: Aire y Tierra
Símbolo: Cruz femenina
Día de la semana: Viernes
Número: 6

Marte

Glifo: ♂

En astrología, Marte y Venus son las caras opuestas de una misma moneda. Planeta energético, Marte es responsable de la energía, la supervivencia, la guerra, el deseo, la afirmación y la agresividad de la humanidad. También influye mucho en la sexualidad de los hombres, la vida sexual y la libido de ambos sexos.

Este planeta rige Aries y la casa 1. También se considera un subregente de Escorpio. Está exaltado en Virgo, domiciliado en Aries y Escorpio, en detrimento en Tauro y Libra y caído en Cáncer. Rige la vejiga, los genitales masculinos y el sistema muscular. La astrología médica dice que puede provocar quemaduras, cortes, enfermedades de transmisión sexual y accidentes.

Muchas personas buscan su colocación de Marte porque quieren saber más sobre el tipo de energía que tienen y dónde se expresa más. Algunas luchan contra la falta de energía y quieren saber cómo pueden poner en marcha su Marte o cómo trabajar con el que tienen.

Esto suele ocurrir cuando este planeta está afligido por otro planeta o aspecto que le está chupando la energía. Otros sienten que tienen demasiada energía y esta se convierte en un comportamiento volátil o agresivo y quieren saber cómo pueden canalizar esta energía de formas más saludables.

Otros luchan con un Marte maléfico en su carta natal. En astrología, maléfico significa traer mala fortuna o influir en el mal comportamiento. Se asocia con Marte y Saturno. Esto ocurre cuando el planeta se sitúa en un signo que sofoca su energía o que acentúa los rasgos más negativos de Marte. Cuando se sofoca la energía de Marte, se producen problemas de ira y un temperamento incontrolable. A veces, los aspectos difíciles sacan a la superficie la agresividad y el control de Marte, lo que da lugar a relaciones volátiles.

Desde un punto de vista más positivo, hay formas de sanar una colocación maléfica. Puede empezar por averiguar en qué signo y casa se encuentra su planeta. Una vez hecho esto, es el momento de enumerar todos sus aspectos con otros planetas. Ahora que ya ha pasado la parte fácil, puede empezar a analizar y ver cómo se manifiesta el poder maléfico de Marte en su vida.

Es importante tener en cuenta que la astrología le dice con qué ha nacido y cómo puede cambiarlo si es necesario. Estas características pueden cambiarse si usted trabaja en ellas. Hay mucho que sanar y eso es exactamente lo que los planetas maléficos le guían a hacer.

Los nativos del número 9 tienen una gran energía de Marte. Pueden ser competitivos, enérgicos y estar llenos de motivación. Algunos de ellos tienen altos impulsos sexuales y a menudo lidian con problemas de ira. Pueden canalizar eficazmente a ambos lados de Marte. La clave aquí es el equilibrio y suele ser fácil de establecer una vez que se descubre cómo manejar toda la abundante energía.

Palabras clave:

- Energía masculina
- Impulso
- Energía
- Autoconservación
- Libido
- Sexualidad masculina
- Agresión
- Furia
- Impulsividad

Signo: Aries
Casa: 1ª
Elemento: Fuego
Símbolo: Escudo de Marte
Día de la semana: Martes
Número: 9

Júpiter

Glifo: ♃

Favorito de muchos, Júpiter promete fortuna y sabiduría, sobre todo cuando se encuentra en un emplazamiento favorable. Este planeta influye en la educación superior, la suerte, la abundancia, la espiritualidad, los viajes, las aventuras, los puntos de vista filosóficos y la expansión. Este planeta gigante puede ser una buena medida para el crecimiento personal y espiritual. También puede mostrarle dónde tiene más suerte en la vida o cómo puede ser más afortunado.

Este planeta proporciona a las personas gastos y buena fortuna. Naturalmente, recompensa a los humanos cuando canalizan la misma energía hacia los demás. En otras palabras, a este planeta le gusta que la gente refleje la misma generosidad.

Si ha pasado por una racha de mala suerte, puede intentar sintonizar con el poder de este planeta y canalizarlo siendo generoso o más servicial con los demás necesitados.

Los rasgos menos conocidos son la pereza, la indulgencia y tener expectativas poco realistas y muy optimistas.

Algunas personas piensan que tener una buena colocación significa que no tienen ningún rasgo negativo. Eso no es exactamente cierto. Incluso si el planeta está colocado en una buena casa o signo, puede tener un aspecto duro que resalte sus cualidades menos deseables.

Hablando de colocaciones, Júpiter rige Sagitario y Piscis y la casa IX. Está exaltado en Cáncer, domiciliado en Sagitario y Piscis, en detrimento en Géminis y cae en Capricornio.

El número tres y este planeta van de la mano porque ambos son grandes gastadores. Sin embargo, los nativos del número tres pueden maximizar lo bueno y lo malo de sus vidas. También les gusta construir o crear, lo que se alinea con la energía de Júpiter. Son ayudantes naturales, por lo que a menudo se les encuentra ayudando a los demás, dando consejos o enseñando. Este planeta trata de abordar los problemas de la vida con la perspectiva de un yo superior y eso es exactamente lo que hacen estos nativos.

Palabras clave:

- Mente superior
- Suerte
- Riqueza
- Filosofía
- Educación superior
- Generosidad
- Sabiduría

Signos: Sagitario y Piscis
Casa: 9
Elemento: Fuego
Símbolo: Una cruz con el carácter Z de Zeus
Día de la semana: Jueves
Número: 3

Saturno

Glifo: ♄

Conocido como un gran maestro, a menudo se teme a Saturno por su amplio poder. Este planeta es el responsable de sus lecciones vitales. Le desafiará implacablemente hasta que solucione un determinado problema que le impide crecer.

Saturno rige los compromisos, las debilidades, el crecimiento, las responsabilidades, el control, las restricciones, el trabajo personal, los límites y los miedos. Gobierna Capricornio y es subregente de Acuario, lo que naturalmente lo convierte en el señor de las casas 10 y 11. El planeta también influye en la piel, las articulaciones, los dientes y los huesos. Está exaltado en Libra, dócil en Capricornio, en detrimento en Cáncer y Leo y decae en Aries.

Al igual que Marte, tenga o no aspectos perjudiciales, Saturno se considera un planeta maléfico. Este planeta trae restricciones, enfatiza las limitaciones y resalta las debilidades. Le desafía y conjura pruebas a diestro y siniestro para enseñarle. Algunos ven esto como mala suerte, mientras que otros lo ven como una oportunidad de aprendizaje. Sin embargo, cuando se está bajo presión, es difícil apreciar el proceso de aprendizaje, razón por la que Saturno se considera maléfico.

Ahora que hemos cubierto los aspectos básicos, es hora de exponer por qué la gente teme a Saturno. Este planeta es infame por una razón: el "Retorno de Saturno". Este fenómeno se produce cuando Saturno ha completado un viaje alrededor del sol y regresa a su ubicación en la carta natal. Este viaje dura unos 30 años, lo que significa que lo experimentará tres veces en su vida. Puede esperarlo a finales de los 20, a finales de los 50 y a finales de los 80.

¿Qué ocurre durante este periodo? Bueno, puede esperar cambios significativos en su vida y auténticos desafíos. El tipo de retos que le hacen sentir que el universo conspira contra usted. En realidad, sin embargo, Saturno está intentando ponerle en forma. Conoce su potencial y quién puede llegar a ser en esta vida, así que le endurece. Le ayuda a enfrentarse a sus miedos y le da oportunidades para actuar correctamente por sí mismo.

Durante esta época, es posible que se encuentre con muchas responsabilidades. Podrían ser cualquier cosa, desde relaciones, asuntos financieros, emergencias o incluso la forma en que se muestra ante sí mismo. Cosas como el autocuidado y el amor propio podrían ser un tema aquí.

Cómo se muestren estas responsabilidades depende de quién sea usted y de dónde ponga el límite. La cuestión es que a Saturno no le gustan las auto restricciones; intenta empujarle hasta que se despoje de su viejo yo con todas sus restricciones ilusorias.

Algunas personas experimentan crisis de identidad o sienten que todo se desmorona. No se puede negar que esta fase es desafiante, pero intente recordarse a sí mismo que solo es temporal. Sea amable consigo mismo y quizá al final de su primer viaje de retorno de Saturno, ¡encontrará a un mejor usted esperándole al otro lado!

La fortaleza emocional, la autodisciplina y el amor propio no son características fáciles de conseguir. No se heredan y, la mayoría de las veces, hay que ponerse en una situación tras otra para que estos rasgos se incorporen para siempre.

El efecto del Retorno de Saturno dura unos dos años. Por lo tanto, sentirá su energía, especialmente hacia el final. Si se pone a la altura de las circunstancias y permite que Saturno le ayude a crecer, se encontrará renovado y más maduro. Será como una serpiente que acaba de mudar de piel: fresca y brillante.

Si las cosas no salen según lo previsto, intente abstenerse de machacarse. La autocompasión es aquí la clave. Este planeta nos da más de una oportunidad para elevarnos por encima de nuestras limitaciones autoimpuestas. Al igual que Júpiter, a Saturno también le gusta el crecimiento. Sin embargo, nos da oportunidades diferentes y usted las tendrá más de una vez para poder ser la persona que siempre estuvo destinada a ser.

La energía de Saturno influye mucho en los nativos del número ocho. La numerología dice que estas personas contienen mucha sabiduría y conocimiento interior. Disponen de las herramientas necesarias para emprender su viaje espiritual y no prestan demasiada atención a las ideas mundanas ni se interesan por lo materialista. Este tipo de mentalidad de yo superior les hace sintonizar de forma natural con la energía bruta de Saturno.

Palabras clave:

- Disciplina
- Responsabilidad
- Maestro de tareas
- Crecimiento
- Lecciones de vida
- Restricciones
- Practicidad

El maestro **Signos:** Capricornio y Acuario **Casas:** 10 y 11

Elemento: Tierra

Símbolo: La hoz de Chronus

Día de la semana: Sábado

Número: 8

Urano

Glifo: ♅

Rompedor de la tradición, Urano es el regente de la autonomía, la independencia, la revolución, la ciencia, lo oculto, la astrología, la psicología y los inventos. A este planeta le gusta lo insólito y provoca cambios repentinos, a menudo violentos. No son el tipo de cambios que se ven venir, ni siquiera que se esperan. Pueden parecer fuera de lugar o surgir de la nada. Si usted o alguien en su vida está experimentando algo similar, puede que sea obra del planeta.

No se sabe si estos cambios repentinos son buenos o malos; esto es totalmente subjetivo. Sin embargo, el planeta pretende hacerle crecer más en usted mismo experimentando lo inusual.

Debido a sus cualidades excéntricas, es el regente natural de Acuario y señor de la casa 11. Está exaltado en Escorpio, domicilio en Acuario, detrimento en Leo y caída en Tauro. También rige los tobillos, el sistema nervioso y la electricidad del cuerpo.

La colocación de este planeta es vital. Le indica dónde se encuentra en su momento más inusual o poco tradicional. Deberá comprobar el signo y la casa en la que se aloja para comprender mejor su excentricidad.

A Urano le encanta la libertad y la independencia, así que intente no reprimirse ni minimizar su autonomía. Tanto si es rebelde como si no, la energía de este planeta le llevará a actuar si ha estado restringiéndose. Así que más le vale ser tan libre y auténtico como lo sea su colocación de Urano.

Número cuatro, los nativos son todo innovación, originalidad y rebeldía. También tienden a ser fuertes y humildes. Les encanta sentirse seguros y tener estabilidad en sus vidas, así que puede ver cómo estas personas están en armonía con la energía de Urano.

Palabras clave:
- Cambio
- Independencia
- Despertar
- Creatividad
- Rebeldía
- Inconformismo
- Libertad
- Revolucionario
- Mente superior

Signo: Acuario

Casa: 11

Elemento: Aire

Símbolo: Letra H, por el descubridor Herschel

Número: 4

Neptuno

Glifo: ♆

En astrología, Neptuno es uno de los planetas más sutiles. No es que sea menos poderoso; es que la gente no nota sus efectos de inmediato. Este planeta rige la ilusión, los sueños, las capacidades psíquicas, el subconsciente, la música y el arte. También influye en la iluminación espiritual, el amor universal y la compasión.

Algunos de sus rasgos negativos son el engaño, la confusión, la niebla cerebral, la visión confusa, la adicción y la culpabilidad. Los rasgos que se obtienen de Neptuno dependen de dónde esté situado y de sus aspectos con otros planetas y cuerpos luminosos.

Este planeta rige la glándula pineal, las funciones cinestésicas, las fibras nerviosas y las funciones telepáticas del cerebro en lo que se refiere a la anatomía.

Es el regente natural del soñador Piscis y de la casa 12. Está exaltado en Leo, domiciliado en Piscis, en detrimento en Virgo y caído en Acuario.

La colocación del planeta le indica dónde se está engañando a sí mismo o a los demás. Sin embargo, puede que no se esté engañando a propósito. Neptuno da recuerdos nebulosos a veces, por lo que es posible que no recuerde con exactitud las cosas tal y como fueron, o que su mente esté soltando mentiras sobre quién es usted.

Neptuno rige a las personas con el 7 como número, ya que son igual de espirituales e iluminadas. También son igual de imaginativos y artísticos que el planeta. Podrían caer fácilmente en sus fantasías respecto a sus círculos sociales. Sin embargo, dado que están en sintonía natural con el planeta, Neptuno eliminará cualquier ilusión cuando estén preparados para ver la verdad.

Palabras clave:
- Subconsciente
- Unidad
- Desilusión
- Ansiedad
- Adicción
- Sueños
- Iluminación
- Intuición fuerte

Signos: Piscis
Casa: 12
Elemento: Agua

Símbolo: El tridente de Neptuno
Número: 7

Plutón

Glifo: ♇

Como ya sabrá, Plutón es uno de los planetas más pequeños y lentos, pero estas cualidades no reflejan sus efectos, que son ciertamente drásticos. Este planeta es todo destrucción, del tipo que puede acabar con sistemas y países rígidos. Aquí es donde entra la parte de la muerte. Pero Plutón no es tan superficial. También le encanta construir desde la base y crear algo de la nada.

Plutón no siempre es literal con la muerte. Por ejemplo, puede matar una identidad y crear otra a su debido tiempo. Esta relación binaria de nacimiento y renacimiento es la cualidad más cruda de Plutón y se deja sentir con fuerza.

También rige el aislamiento, las dictaduras, los virus, las fobias, las masas y las obsesiones. También revela secretos profundos y rige todo lo que se somete al proceso de replicación.

Este planeta rige Escorpio y la octava casa. Los astrólogos no han asignado dónde está exaltado Plutón y dónde está en caída. Sin embargo, está domiciliado en Escorpio y perjudicado en Tauro. También rige el sistema reproductor y la glándula pituitaria. También puede causar lunares, tumores y marcas de nacimiento.

Como habrá notado, este planeta es extremadamente lento. Es posible que no experimente un retorno de Plutón, ya que tardará aproximadamente 248 años en volver a su lugar en su carta natal. Esto no significa que no vaya a experimentar una transformación significativa en su vida. Dependiendo de los aspectos del planeta -especialmente cuando está en tránsito- le dirá todo lo que necesita saber sobre su experiencia plutoniana.

Ahora que ya se ha familiarizado con el ritmo de Plutón, probablemente habrá adivinado que se trata de un planeta generacional. En otras palabras, casi todas las generaciones tienen el mismo signo de Plutón, pero la casa es totalmente diferente. Puede utilizar esto para aprender más sobre su generación o la anterior a la suya.

Como ya se ha mencionado, Plutón tiene que ver con la muerte y el renacimiento. Este ciclo no podría estar mejor representado que por el número 0. Ese vacío y esa nada asustan, pero el planeta promete que de la nada puede salir mucho. Los nativos del número 0 pasan por grandes transformaciones en su vida, que es exactamente por lo que tienen tanta energía plutoniana.

Palabras clave:
- Transformación
- Muerte
- Renacimiento
- Oscuridad
- Manipulación
- Abuso
- Tabúes

Signo: Escorpio
Casa: 8
Elemento: Agua
Símbolo: Letras PL que simbolizan el nombre del planeta
Número: 0

Quirón

Glifo:

Conocido como el "sanador herido", Quirón comparte algunas verdades dolorosas y soluciones esclarecedoras. Este planeta menor nos habla de nuestras heridas más extensas en esta vida y de cómo atenderlas. Le muestra lo profunda que es su herida y cómo la expresa o la reprime. Aprenderá cómo se manifiesta en su vida y si está supurando o no.

Dependiendo de la colocación de Quirón, podrá comprender dónde está sobre compensando y si está o no descuidando su dolor. Descuidar aquí no significa que esté ignorando intencionadamente su dolor. Más bien significa que podría estar en negación o no ser consciente del problema.

Otra cosa que podría querer comprobar son los aspectos de Quirón. ¿Qué tipo de aspectos tiene con los demás planetas? ¿Son estos aspectos duros o armoniosos? Los aspectos pueden decirle mucho sobre la naturaleza de su tristeza y cómo se siente al respecto emocional, mental y espiritualmente.

A diferencia de otros planetas, Quirón no rige nada en sí. Lo único que realmente desea es ayudar a sanarle. Piense en este planeta menor como un guía para aliviar su profundo dolor. Tiene mucha sabiduría que compartir con usted, pero primero tiene que descubrirla usted mismo.

Descubrir su emplazamiento de Quirón puede resultar difícil, ya que tiende a ser desencadenante para las personas que no son conscientes del problema. Por eso el planeta le aconseja que se prepare y acepte cualesquiera que sean sus heridas. La autocompasión y la empatía son la clave en este caso y estas son las primeras cosas que debe darse a sí mismo cuando exponga su herida a la energía sanadora de Quirón.

Dependiendo del tipo de aspectos que tenga, Quirón podría compartir los orígenes de su herida. También puede esperar tener más de una herida importante. Esto puede ser duro, pero recuerde que el planeta le dirá cómo auto curarse.

La verdadera curación comienza con paciencia y amabilidad con uno mismo. No pasa nada si no está seguro de cómo iniciar el viaje de curación; nadie lo sabe al principio. Sin embargo, cuanto más aprenda de este planeta y reflexione sobre sí mismo, descubrirá que su viaje de sanación se está desarrollando ante sus propios ojos.

Palabras clave:
- Sanador herido
- Introspección
- Aceptación
- Amor propio
- Curación espiritual
- Dolor emocional
- Niño interior

Símbolo: Llave, un camino para sanar.

Capítulo 3: Los signos del zodíaco

En este capítulo encontrará una amplia descripción de la energía de cada signo del zodíaco. Es importante señalar que las siguientes características no se aplican plenamente a todas las personas de Aries o Libra. Un signo solar Aries puede tener algunos de estos rasgos, pero no encarnará todos los demás porque la personalidad de cada persona es única. Dado que todo el mundo tiene una carta natal que le es específica, el signo solar de una persona no basta para describir a una persona en su totalidad. A diferencia de los signos solares, que son solo una parte de la historia, las colocaciones de los planetas y el tipo de aspectos que tienen entre sí conforman el cuadro completo.

También puede prestar atención a todos los signos, no solo a su signo solar. Todos los signos y sus efectos están incluidos en su carta natal. Para comprender su energía y características, familiarícese con ellos y sea capaz de analizar su carta natal.

Aries ♈

Periodo: 21 de marzo - 20 de abril

Hay mucho que entender sobre el primer signo del zodíaco a través de su colocación. El sol se posa en Aries al principio de cada primavera. La tierra empieza a respirar de nuevo durante esta estación, las flores florecen y las hojas crecen. Esta energía de recién nacido se refleja en este signo.

El mundo es nuevo para un niño. Todo está aún por explorar y experimentar. Así es como Aries ve la vida. Tienden a entrar en nuevas fases con entusiasmo y los ojos muy abiertos. No les importa hacer malabarismos porque tienen energía para ello. Su motivación es contagiosa. Desprenden una energía radiante que dinamiza notablemente a las personas que les rodean. Los Aries tienen una necesidad muy arraigada de mantenerse ocupados. Saben que cuando su energía no se canaliza, puede convertirse en frustración o comportamiento agresivo.

Su energía infantil también puede convertirse en una actitud o mentalidad inmadura. No se espera que los niños antepongan los sentimientos de los demás o piensen en ellos en primer lugar. Aún experimentan la vida desde su punto de vista. Esto también se aplica a Aries, que tiende a tener una actitud de "yo primero". Pueden caer fácilmente en una actitud resbaladiza y egoísta que les aísla. Los Aries tienden a ser impacientes, por lo que actúan impulsivamente, lo que les mete en problemas. Se aconseja a los Aries que eviten los contratiempos asumiendo riesgos calculados.

Otra cosa interesante de la colocación de Aries es que está opuesta a Libra. Venus, el planeta de la belleza, rige Libra. Los Aries tienen una energía similar, por lo que tienden a ser físicamente atractivos o a tener bonitas sonrisas.

Para comprender mejor este signo, quizá desee familiarizarse con el planeta que lo rige, Marte. Este planeta está lleno de rigurosa energía salvaje. Los Aries están cargados de esta energía y tienden a utilizarla en actividades relacionadas con Marte, como los deportes, el sexo, el trabajo y la sana competencia. Sin embargo, va más allá del hecho de que se vean afectados por su energía. Comprenda que Aries está asociado a un planeta muy exigente, por lo que hará que Aries canalice esta energía hacia algún lado. De lo contrario, pueden volverse agresivos, aburridos y frustrados.

Los Aries son muy competitivos
https://pixabay.com/images/id-567950/

Aries está representado por el Carnero. Estos animales son famosos por su estilo de lucha, descrito simplemente como darse cabezazos. Así es como Aries lucha o debate instintivamente. No se toman tiempo para contemplaciones y su actitud fogosa convierte rápidamente una discusión acalorada en una pelea en toda regla.

Al igual que los carneros, los Aries son testarudos por naturaleza. Esta es una de sus cualidades menos apreciadas. Las personas se sentirán más apreciadas cerca de Aries cuando sientan que se les escucha. A veces, los Aries devalúan inconscientemente las palabras de la gente, lo que acaba por hacerles sentir que no quieren compartir más información personal.

En general, a la gente le gusta su actitud fogosa, pero no siempre es apreciada cuando se muestran discutidores. Los Aries son conocidos por quemar puentes innecesariamente. No guardan rencor, pero sí se ocupan de los resentimientos acumulados. Cuanto más tiempo alberguen rencores, más fastidiosos se sentirán. Los Aries necesitan aprender a dejar ir. Cuanto más maduran, más se dan cuenta de que quemar puentes no siempre es la solución ideal.

Como ya se ha dicho, cada signo tiene su modalidad. Aries es cardinal. Esto significa que este signo es un iniciador en todos los aspectos de la vida. Son líderes naturales y suelen iniciar cosas, proyectos, relaciones, etc. Ser cardinal es una de sus bazas más fuertes. Lo único que necesita trabajo es completar lo que han empezado, ¡lo que debería ser fácil, dada su inagotable energía! Lo único que se interpone en su camino es el aburrimiento. Una vez solucionado, Aries terminará proyectos a diestro y siniestro.

Palabras clave:
- Líder
- Competitivo
- Orientado al presente
- Independiente
- Ansioso
- Valiente
- Egoísta
- Arrogante
- Infantil

- Agresivo

Dominante **Símbolo:** El Carnero **Frase clave:** "Yo soy"
Modalidad: Cardinal
Elemento: Fuego
Regente planetario: Marte
Signo opuesto: Libra
Casa: 1ª

Tauro ♉

Periodo: 21 de abril - 20 de mayo

La estación de Tauro comienza en plena primavera. También es el segundo signo del zodíaco. Solo esta colocación ya da suficiente información para entender de qué va este signo. A Tauro le gusta estar rodeado de belleza y de una compañía agradable. Piense en buena música, comida sabrosa, amigos leales y familiares.

Tauro tiene una colocación interesante porque está opuesto a Escorpio. Por lo general, dos signos opuestos comparten características similares. Los genitales rigen a los Escorpio, por lo que anhelan el buen sexo. A Tauro le ocurre lo mismo. Tauro está regido por los sentidos, así que van por la vida experimentándola y disfrutándola a través de sus sentidos. Una buena vida sexual es imprescindible para un Tauro. Sin una buena vida sexual, podrían sentir que falta algo vital en su vida. Escorpio es posesivo, al igual que Tauro.

Los Tauro pueden ser un poco posesivos con sus seres queridos. Por supuesto, no todos los Tauro tienen esa mentalidad posesiva. Sin embargo, según el grado de madurez, pueden ser extremadamente posesivos o no comprender que no son dueños de su pareja.

Este signo del zodiaco es conocido por su gran fuerza emocional, paciencia y lealtad. Esto proviene de su símbolo, el toro. Este animal es paciente y generalmente relajado. Le gusta tomar el Sol y no le gusta moverse mucho. Tauro tiene los mismos rasgos.

Esto no quiere decir que todos los Tauro sean perezosos. Sin embargo, algunos preferirían vivir la vida relajándose y disfrutando de los placeres materialistas si les dieran a elegir. También son excepcionalmente leales y se les admira por ello. Este signo es fiable y conocido por su apoyo cuando se le necesita. Esto actúa como un arma de doble filo porque, aunque a los Tauro les gusta que la gente dependa de ellos, también se sienten heridos cuando su apoyo no es recíproco.

Son conocidos tanto por su paciencia como por su ira explosiva. Por desgracia, para un Tauro, estas dos características van de la mano. Sin embargo, gracias a su paciencia, no son fáciles de desencadenar. Incluso cuando la gente intenta apretarles las tuercas, tienden a ocultar sus sentimientos o a fingir que nada les afecta. Pero incluso un Tauro tiene límites. Aquí es donde entra en juego la ira explosiva.

Este signo del zodiaco está regido por Venus, el planeta del amor, la belleza y las finanzas. Son personas atractivas a las que también les atrae la belleza. Puede que les guste todo tipo de arte y lo que sea estéticamente bello. Quizás no se sientan a gusto si el lugar que les rodea está desordenado o es poco agraciado a la vista. El dinero es un concepto que ronda sus mentes de vez en cuando. Esto es normal hasta que se convierte en una obsesión por la seguridad financiera.

Este signo del zodiaco es un signo de tierra. Necesitan estabilidad y suelen proporcionársela a otras personas. Suelen ser fijos en sus comportamientos y opiniones, que rara vez cambian. También están obsesionados con sus objetivos. No les importa lo largo que pueda ser el proceso ni los retos a los que puedan enfrentarse. Una vez que se han propuesto lograr algo ya está hecho.

Su amor por la estabilidad a menudo les causa estrés en las relaciones que cambian. No son los más flexibles a la hora de adaptarse y ajustarse a los cambios en sus vidas. Cuanto más crezcan, más podrán aprender a cultivar una relación más sana con el cambio.

A diferencia de Aries, a Tauro le gusta relajarse, asentarse y disfrutar de los placeres de la vida, gracias a su modalidad fija. Como están más en sintonía con el ritmo natural de sus vidas, no son de los que inician proyectos o amistades y no sienten la presión de cambiar nada al respecto.

Palabras clave:
- Estable
- Buscador de seguridad
- Leal
- Obstinado
- Materialista
- Paciente

- Artístico
- Indulgente
- Confiable
- Ira explosiva

Minucioso **Símbolo:** Cabeza de toro **Frase clave:** "Tengo".
Modalidad: Fijo
Elemento: Tierra
Regente planetario: Venus
Signo opuesto: Escorpio
Casa: 2ª

Géminis ♊

Periodo: 21 de mayo - 21 de junio

Con el cambio de estación de la primavera al verano, comienza la estación de Géminis. Como ya se ha mencionado, las colocaciones desempeñan un papel vital en astrología. La dualidad y el carácter cambiante de Géminis reflejan el paso de una estación a otra. Usted tiene las dos caras: primavera y verano. También obtiene versatilidad. Este signo es conocido por sus estados de ánimo y comportamientos versátiles. A algunos les resultará difícil lidiar con estos rasgos, incluidos los propios Géminis. Si usted mismo es un Géminis o tiene un amigo que lo es, puede que le disguste la falta de estabilidad que se obtiene con esta energía. Su mente puede cansarse de la imprevisibilidad del signo y de su incapacidad para anticipar lo que vendrá a continuación.

El planeta de la mente y la comunicación rige su signo. Esto influye en que usted busque el conocimiento. En general, le gusta aprender y siempre está persiguiendo más conocimientos. El caso es que casi todo le interesa. Su curiosidad es ávida y siempre está dispuesto a consumir contenidos educativos. Es usted un poco sabelotodo, pero sus conocimientos tienden a ser poco profundos. Suele rascar la superficie a menos que se trate de algo que le interese en general, entonces llega hasta el final.

Mercurio también influye en que usted sea algo así como una mariposa social. Le gusta hablar con todo el mundo y aprender más sobre las personas que le rodean. Siempre está enviando mensajes de texto, llamando o entablando conversaciones con sus amigos o con desconocidos. No le importa hablar de cualquier cosa siempre que no le aburra. A veces, cuando se ve envuelto en una conversación aburrida, intenta llevarla por derroteros más interesantes.

Géminis está representado por los gemelos, o el número romano dos. No podía haber un símbolo mejor para este signo en lo que a símbolos se refiere. La idea de los gemelos se basa en la dualidad del signo. Si usted es un signo solar Géminis, está más que familiarizado con la eterna lucha entre su mente y su corazón. Puede sentir que, lógicamente, lo tiene todo claro, pero sus emociones tienden a inclinarse en sentido contrario. Esta fricción interna provoca irritabilidad y esto es más evidente cuando un Géminis muestra un comportamiento impredecible debido a los cambios de humor.

También vacila y a menudo se encuentra cambiando de opinión y de ciertas creencias. Puede sentirse incómodo por ello, así que es mejor que se recuerde a sí mismo que su mente es versátil. Usted ve méritos en todo. No se le conoce por su rigidez, ni resiente este rasgo y la gente aprecia eso de usted.

Los Géminis suelen ser sensibles y simpáticos. Puede que no todo el mundo lo sepa, pero sienten por la gente y las palabras pueden herirles, aunque tiendan a negarlo. Aunque los Géminis son conocidos por comportamientos específicos, otras características pueden pasar desapercibidas, eclipsadas por aquello por lo que el signo es notorio.

A los Géminis no les resulta difícil cambiar las cosas cuando la vida está estancada. Su necesidad de variedad añade automáticamente picante a su vida. Este rasgo afecta a casi todos los aspectos de su vida. Les gusta la variedad en las amistades, los lugares a los que van, la lectura, la ropa, etc. Puede que no tengan un sentido unificado del estilo, pero su estilo general podría ser que les gustan cosas diferentes y están contentos con eso.

Otro rasgo peculiar de Géminis es la inquietud. No es que en general estén perdidos y vayan de un lado a otro con sus pensamientos; es que también son inquietos físicamente. Como Géminis, no importa qué tipo de actividad estén realizando físicamente, siempre que estén haciendo algo. Puede que necesiten estar dando golpecitos con los dedos o los pies, moviéndose de un lado a otro, tarareando, hablando o incluso inquietándose.

Este rasgo también les convierte en personas multitarea. No les gusta ocuparse de una cosa a la vez; ocuparse de dos o tres es más su estilo.

Imagine que un Géminis está leyendo un libro. Al mismo tiempo, pueden estar jugueteando con las manos o tal vez escuchando música. Puede que estén bailando o escuchando un podcast si se están duchando. Incluso cuando ven una película, pueden estar pensando en otra cosa mientras siguen los acontecimientos. No importa lo que estén haciendo, siempre y cuando estén realizando otra actividad con ello.

Géminis es uno de los signos de aire con cualidades como la flexibilidad y la inteligencia social. Algunas personas perciben esto como hipocresía. Pero lo cierto es que los Géminis tienen una gran conciencia social, por lo que saben cómo comunicarse con distintos grupos, qué tipo de chistes contar y qué historias compartir.

Sin embargo, uno de los inconvenientes es que este signo puede ser emocionalmente inestable. Los Géminis pueden sentirse incómodos con temas emocionalmente pesados. No les gusta ir al fondo de la situación si les provoca emociones desagradables. A los signos de aire les gusta mantener las cosas en movimiento y las situaciones estables, sobre todo si son pesadas, van en contra de este deseo.

Los Géminis forman parte del club de los mutables. Se diferencian ligeramente de los signos cardinales y fijos porque se sienten más cómodos con el cambio. Si usted mismo es un Géminis, comprenderá que el cambio es una parte constante de su viaje y del de los demás. También es ágil a la hora de realizar los cambios necesarios para adaptarse a un nuevo estilo de vida o a una nueva situación en la que se ha visto inmerso.

Por su dualidad, este signo rige las partes simétricas del cuerpo y los órganos. Géminis influye en sus manos, clavículas, hombros y pulmones. También rige el sistema nervioso por sus fuertes lazos con el cerebro.

En lo que respecta a la vida amorosa de un Géminis, puede esperar múltiples parejas, ya sea una a la vez o una tras otra. Este signo no es conocido por su estabilidad emocional. Como Géminis que es, sabe lo fácil que le resulta aburrirse de una relación o de una persona. Esto explica su necesidad de estimulación. Cuando una relación ya no le satisface, pasa a la siguiente. No le gusta estar atado, por lo que una forma que le gusta de manifestar su libertad es ir y venir a su antojo.

A medida que se haga mayor y se permita madurar emocionalmente, este rasgo se disipará gradualmente de su vida. Mientras tanto, no debe preocuparse por ser voluble. Sin embargo, procure ser sensible y consciente de los sentimientos de los demás.

Palabras clave:
- Social
- Comunicativo
- Versátil
- Inventivo
- Inquieto
- Curioso
- Literario
- Despistado
- Desagradecido
- Poca concentración

De ingenio rápido **Símbolo:** El número romano 2 **Frase clave:** "Creo".
Modalidad: Mutable
Elemento: Aire
Regente planetario: Mercurio
Signo opuesto: Sagitario
Casa 3ª

Cáncer

Periodo: 22 de junio - 22 de julio

Cáncer: el signo madre. Este signo tiene muchas cualidades, pero se le conoce sobre todo por su papel de cuidador, debido principalmente a su colocación y a su planeta regente. Cáncer rige la cuarta casa, que está relacionada con el papel de cuidador y el hogar familiar. Las personas nacidas bajo este signo exhiben estos temas en su vida. Cuidan con naturalidad de sus seres queridos y sus casas suelen ser cómodas y acogedoras.

Este signo también es opuesto a Capricornio y con la polaridad viene la similitud. Un verdadero canceriano se preocupa por el dinero del mismo modo que un capricorniano. Los Cáncer no suelen ser avariciosos, pero sí se preocupan mucho por la seguridad. La seguridad financiera es un concepto que ronda libremente por la mente de un Cáncer, sobre todo si no se aborda. Muchos Cáncer se pasan la vida intentando ganar más dinero incluso cuando ya tienen suficiente, solo porque persiguen la seguridad financiera.

Cáncer está regido por la luna, teniendo en cuenta lo temperamental que es este signo. Las fases lunares cambian con frecuencia, al igual que el estado de ánimo de Cáncer. Astrológicamente hablando, cada fase afecta a este signo de una manera determinada.

La luna rige las emociones y la intuición y puesto que rige este signo, le proporciona una gran profundidad emocional y una gran intuición. Su sensibilidad puede considerarse tanto un don como una maldición, según cómo se mire. Por un lado, está en sintonía con sus emociones y las de los demás y siente las emociones a un nivel superior. Esto le da una perspectiva más profunda de la vida. Por otro lado, sentir las cosas tan profundamente puede agotarle emocionalmente. Además, el dolor emocional le afecta a otro nivel. Siente como si algo le desgarrara el alma cuando está sufriendo.

La luna le otorga el don de la intuición, que se manifiesta en pequeñas cosas como entrar en una habitación y sentir su energía. Si le hace caso, su instinto le irá diciendo cosas a lo largo del día y cuanto más lo escuche, más fuerte se hará.

La mayoría de los cancerianos son empáticos. Esto significa que lo más probable es que sienta lo que le ocurre a su amigo sin que él se lo diga. Es posible que pueda sentir las emociones de su mascota. También puede sentir las plantas y los árboles cuando conecta con ellos.

Como ya se ha mencionado, los Cáncer son cariñosos, por lo que serán las personas que inicien una conexión con usted y, durante esta amistad, puede esperar que se preocupen por usted. Son el tipo de amigos que le recordarán que tome sus medicinas o le animarán a ir a terapia. También crean proyectos que pueden ayudarles con sus ingresos. Estos empeños no tienen por qué estar relacionados con temas cancerianos, como la cocina o la crianza. Sin embargo, si estos proyectos coinciden con cosas a las que un Cáncer está afiliado, se sentirán como en casa.

Derivado de su nombre, este signo está representado por el cangrejo. Hay tantas similitudes entre ellos que este signo no podría haber tenido un símbolo mejor. Al igual que el cangrejo, a los Cáncer les gusta más quedarse en casa que estar rodeados de mucha gente. Sin embargo, la gente se siente a gusto con ellos. Por eso la mayoría de los Cáncer son introvertidos certificados.

También son ágiles como el cangrejo. No son de los que salen volando, pero si se les presiona lo suficiente o se les hiere por alguien a quien quieren, verá cómo esas pinzas se le echan encima. También son vengativos y pueden guardar rencor. Se pasan el tiempo tramando su venganza y esperando el momento adecuado para atacarle. Los Cáncer también son conocidos por ser manipuladores cuando quieren.

Si alguna vez ha observado a un cangrejo, sabrá que nunca camina directamente hacia su objetivo, sino que se mueve hacia los lados para llegar a donde quiere. Los Cáncer son precisamente así. Cuando quieren algo o a alguien, siempre escanean el entorno, miden lo seguro que es y empiezan a acercarse.

Irónicamente, tienen un exterior duro, dado su corazón sensible y cálido. El cangrejo tiene un caparazón resistente y lo mismo le ocurre a un Cáncer. La mayoría de los Cáncer no parecen accesibles, pero se empieza a ver un lado más suave una vez que se les conoce. La mayoría de los Cáncer parecen así porque intentan protegerse del mundo. Saben que son sensibles y fuertes, pero siempre sienten la necesidad de estar seguros, por lo que se consuelan con su duro exterior.

La sensibilidad canceriana no solo se atribuye a la luna, sino que también está influida por el agua. Los signos de agua suelen ser emocionalmente profundos y sienten las cosas hasta la médula. También absorben los sentimientos de la gente y los asumen como propios. Al ser los Cáncer un signo de agua, suele haber capas en ellos. Una vez que cree conocerlos, descubre otra capa que necesita pelar.

Como habrá notado, la estación de Cáncer comienza con el verano, razón por la cual forma parte del Club Cardinal. Al igual que Aries, los Cáncer son iniciadores. Van tras lo que buscan y les resulta fácil embarcarse en un nuevo proyecto o en un viaje. El tipo de cosas que iniciará un Cáncer tendrán que ver con las conexiones humanas o con el dinero.

Palabras clave:
- Intuitivo
- Nutritivo
- Cariñoso
- Servicial
- Sensible

- Quieto
- De lengua afilada
- Vengativo
- Absorbente
- Manipulador

Vigilante **Símbolo:** El Cangrejo **Frase clave:** "Siento".
Modalidad: Cardinal
Elemento: Agua
Regente planetario: Luna
Signo opuesto: Capricornio
Casa: 4ª

Leo ♌

Periodo: 21 de julio - 22 de agosto

Leo, el signo del zodíaco. Este signo se ha ganado un poco de reputación a lo largo de los años. La mayoría de la gente entiende que los Leo no son más que individuos egoístas que siempre quieren ser el centro de atención y que eso es todo lo que hay en ellos. Esta suposición tiene algo de verdad, pero sigue siendo muy inexacta. Desmenucemos las cosas para que se entienda a este signo como lo que realmente es.

Leo está regido por el sol, que es el centro de nuestro sistema solar. En Astrología, el sol rige el ego, la individualidad y la confianza, por lo que es natural que los Leo resuenen sin complejos con estas cualidades. Está en su naturaleza querer ser el centro de atención, pero su energía también lo requiere. Tienen una energía que atrae la atención de la gente, la quieran o no.

Caminan con confianza y ven la vida como su escenario. Todo es una actuación para ellos. Esto añade picante a sus vidas, pero también les resulta difícil dejarse llevar y ser vulnerables. Su necesidad de actuar en la vida se ve disminuida por el trabajo personal y la madurez. Algunos Leo muestran su vulnerabilidad a las personas más cercanas o en las que confían lo suficiente como para mostrar este lado más suave.

Ser el centro de atención y querer llamar la atención no es todo lo que tiene un signo Leo. También son generosos y leales a su gente. Una vez que usted haya entrado a formar parte de su círculo, le serán leales y generosos con su amor, energía y tiempo.

En términos de colocación, los Leo son lo opuesto a los Acuario. Los Acuario suelen ser solitarios que aprecian su tiempo a solas. En cambio, los Leo prefieren estar rodeados de personas afines. Suelen ser el pegamento que mantiene unido al grupo o el centro del mismo. Esto no quiere decir que los Leo tengan siempre toda la atención, pero tienden a dirigir la conversación o a ser los que más hablan en el grupo. Los astrólogos han observado que los Leo de julio tienden a tener características Leo diluidas, mientras que los Leo de agosto están más concentrados en la energía Leo.

Como ya se ha mencionado, el Sol rige Leo. El Sol da energía a todo ser vivo y es vital para todos. Los Leo caminan por la tierra con esa misma actitud de autoimportancia. Se sienten importantes. No hay nada malo en ser consciente de su autoestima y valor. Pero las cosas pueden torcerse rápidamente con un Leo.

Si el ego se expande o se vuelve enfermizo, los Leo pueden tener fácilmente derechos y ser descuidados con los sentimientos de la gente. Puede que no sean conscientes de su efecto sobre usted o sobre cualquier otra persona. Aún pueden empatizar, pero no piensan en cómo se puede sentir la gente cuando hablan o se comportan de una determinada manera. Esto puede ponerse feo rápidamente y podría convertirse en un desprecio total por los sentimientos de todo el mundo porque creen que son el centro del universo.

A la mayoría de los Leo les gustan las carreras o aficiones que tienen que ver con las artes y estar en el escenario ya sea literal o metafóricamente. También es muy probable que se conviertan en directores ejecutivos de una empresa o que creen su propio negocio. Los Leo son bastante creativos, por lo que, si tienen suerte, pueden acabar en una carrera en la que actúen en el escenario, canten, bailen o incluso se conviertan en oradores públicos.

El león representa a los Leo. El león es el rey de la selva, ruidoso, temido y respetado, por no mencionar el hecho de que es de la realeza. Internamente, los Leo se sienten de la realeza. Caminan con orgullo y confianza. También son valientes y no temen expresar su opinión. La fuerza del león también resuena con la energía de Leo. Los Leo pueden soportar situaciones difíciles. Sin embargo, cuando algo hiere su ego, se curan en silencio y luego vuelven a ser el centro de atención.

Es obvio que los Leo son un signo de fuego. Los signos de fuego son enérgicos y activos. Estos rasgos tienen una forma muy particular de manifestarse en Leo. A diferencia de Aries y Sagitario, los Leo encarnan estas cualidades ardientes en un entorno de grupo, relaciones y trabajo. Añaden electricidad a su dinámica de grupo. Suele ser divertido tenerlos cerca y les resulta fácil levantar el ánimo de la gente.

Su elemento fuego puede hacerles argumentativos. No suelen echarse atrás en una pelea. Sin embargo, una vez que están en una discusión, necesitan sentir que han ganado o que han tenido la última palabra. Cuanto más dure esto, puede resultar frustrante para la persona que lo recibe, por lo que es importante comunicarse con ellos sobre su comportamiento. Son más accesibles cuando se han calmado. Puede que no acepten las críticas con facilidad, pero apreciarán que usted intente mantener una amistad o una relación con ellos.

Los Leo forman parte del club de la modalidad fija. Por eso son dedicados y comprometidos con cualquier cosa que se propongan. No es fácil conseguir que un Leo haga algo que no quiere hacer, pero una vez que un empleado o un amigo Leo se apasiona por lo que hace o tiene un objetivo en mente, no hay forma de detenerlo.

Al ser un signo fijo y creativo dedicado a su oficio, lo más probable es que consigan algo asombroso y avancen mucho en el camino que han elegido. Algunos Leo son artísticos por naturaleza, por lo que sus aficiones incluyen la música, la pintura y la escritura. Otros Leo utilizan su creatividad en sus trabajos, como los cómicos o los gestores creativos, el marketing, etc.

Palabras clave:
- Creativo
- Generoso
- Idealista
- Confiado
- Romántico
- Digno
- Dramático
- Pretencioso
- Consciente de su estatus

- Infantil
- Dominante

Símbolo: Leo
Frase clave: "Siento".
Modalidad: Cardinal
Elemento: Agua
Regente planetario: Luna
Signo opuesto: Capricornio
Casa: 5ª

Virgo ♏

Periodo: 23 de agosto - 22 de septiembre

Ahora pasamos del enérgico Leo al práctico Virgo. La colocación de este signo es muy interesante. Virgo viene después de un signo fogoso y enérgico que es propenso a perderse un detalle, por lo que Virgo ofrece paciencia y ojo para los detalles. También está opuesto a Piscis, lo que resulta interesante porque ambos signos tienen formas muy distintas de enfocar la vida. Sin embargo, a ambos les encanta ayudar a la gente y la idea de estar al servicio de los demás es algo que tienen en gran estima.

Virgo está regido por Mercurio, que simboliza la mente y rige las facultades mentales. Mercurio reviste a este signo de una gran energía analítica. Son extremadamente observadores y apenas se les escapa ningún detalle. La aguda inteligencia de Mercurio y su naturaleza comunicativa se mezclan bien con las complejidades de Virgo. Esta mezcla confiere a los Virgo la capacidad única de señalar las incoherencias, beneficiar a su gente e influir en los cambios positivos.

A veces, la gente percibe a los Virgo como prepotentes y regañones, pero en realidad solo intentan ayudar. Comprenda que la naturaleza de este signo se ve obligada a servir a los demás. El estilo de comunicación de este signo puede parecer duro al principio, pero la imagen se aclara un poco cuando se comprende su psique.

Los Virgo señalarán sin pudor las cosas que ya no les sirven y los hábitos que obstaculizan su progreso. Es su forma de demostrar que se preocupan por usted y así es como le ofrecen ayuda. Son el tipo de amigos que comprueban si ha terminado sus tareas diarias o si ha dado pasos prácticos para alcanzar sus objetivos. Son el tipo de amigos que le recuerdan las citas con el médico o le llevan al médico sin pedírselo. Puede que le presionen cuando flojea o deja las cosas para más tarde.

Mercurio les ha bendecido con una mente aguda que puede diseñar sistemas, mantenerse centrada y priorizar la racionalidad. Por eso les resulta fácil hacer las cosas y ayudar a los demás a completar sus tareas. Su racionalidad les hace ser conscientes del presupuesto, por lo que les encontrará creando presupuestos para sus amigos o ahorrando su dinero en varias cuentas de ahorro.

Al igual que Géminis, Virgo también es mutable. Esto se traduce en su capacidad para adaptarse a distintas situaciones. No dan necesariamente la bienvenida al cambio como los signos de aire o fuego, pero son lo bastante flexibles como para sobrevivir a lo que la vida les depare. Lo único que puede frenarles son sus tendencias perfeccionistas. Los Virgo intentan perfeccionar todo lo que hacen, pero esto conlleva un cerebro que está en alerta máxima todo el tiempo, lo que puede causar una tensión constante que podría desembocar en ansiedad.

El lado más oscuro de esto es que pueden ser excesivamente meticulosos, lo que les hace sentir que sus habilidades y su trabajo duro no son suficientes. Esto les llevará a la decepción y a sentimientos de inadecuación, que están muy lejos de la realidad. También se exigen a sí mismos unos niveles de exigencia extremadamente altos, lo que puede agotarles y hacer que se sientan quemados. Al mismo tiempo, puede que no acepten que han llegado a un punto de agotamiento, por lo que intentan que las cosas funcionen. Llegados a este punto, podrían descubrir que la calidad de su trabajo es insípida y serán propensos a culparse a sí mismos en lugar de reconocer que están cansados y que merecen un descanso.

Los Virgo están representados por la virgen. En la mitología de la antigua Grecia se cuenta la siguiente historia. Cuando Zeus envió la Caja de Pandora como castigo para la humanidad, Astraea, la diosa de la inocencia y la pureza, sintió curiosidad por el contenido de la misteriosa caja. Una vez que la abrió, la caja liberó diversos males en el mundo. Entristecida por el destino de los humanos, se refugió en los cielos y se convirtió en la constelación conocida como Virgo.

Este mito nos da una comprensión más profunda del signo Virgo. Los Virgo tienen una gran energía femenina, lo que tiene sentido, ya que una diosa los representa. También son puras como Astraea, pero su pureza se muestra más en el tipo de trabajo que producen. Les gusta que su trabajo sea impecable y perfecto. También son privadas y reservadas, por lo que observan todo en silencio, aunque puedan parecer tímidas y calladas. Al principio pueden parecer reservados, pero ésa no es su verdadera naturaleza.

Virgo es un signo de tierra. Esto le indica que son fijos en sus costumbres, por lo que es todo un reto influir en sus creencias u opiniones. También le dice que son bastante fiables, lo que tiene sentido, dada su ética de trabajo y su amor por el servicio. También les gusta cumplir objetivos, dándose a sí mismos pequeñas tareas que terminar cada día. La idea es que les gusta tener algo que hacer, por lo que podrían dedicar tiempo a limpiarlo todo y asegurarse de que todo está impecable como parte de su rutina diaria.

También forman parte del club de los mutables. Tienden a ser de trato fácil si no afecta a su alto nivel. Pero en cuanto se les pida ayuda, pondrán en práctica sus métodos inflexibles. Querrán que usted alcance la perfección, lo que puede resultar poco realista, pero así es como Virgo completa sus tareas. Mantienen un listón muy alto para sí mismos y para los demás y aunque esta ética de trabajo puede ser beneficiosa, también resulta agotadora en ocasiones.

Palabras clave:
- Práctico
- Amable
- Sensible
- Organizado
- Modesto
- Humano
- Cabezota
- Centrado en sí mismo
- Crítico
- Reflexivo

Tenso **Símbolo:** La Virgen **Frase clave:** "Analizo".
Modalidad: Mutable
Elemento: Tierra
Regente planetario: Mercurio

Signo opuesto: Piscis
Casa: 6ª

Libra ♎

Periodo: 23 de septiembre - 22 de octubre

Libra tiene una colocación interesante. Es el séptimo signo del zodíaco y está enfrente de Aries y justo antes de Escorpio. Estas colocaciones han conformado las características de este signo. Los Aries son más egocéntricos y a menudo pueden ser inconscientemente egoístas. Los Libra son todo lo contrario al ser más conscientes socialmente y tienden a pensar en los demás antes que en sí mismos.

Aunque este es un rasgo hermoso de tener, a veces, los Libra se hacen daño a sí mismos. Gravitan naturalmente hacia la gente y quieren complacer a las personas porque aman la armonía. Sin embargo, el lado positivo es que este signo es conocido por su inteligencia y conciencia social. Suelen saber lo que hay que decir y saben cómo comportarse con determinadas personas. Su inteligencia social les hace saber cómo cuidar de usted y si es o no el momento de ser un buen oyente o intentar ayudar.

Otro dato interesante sobre la colocación de este signo es que se encuentra justo antes de Escorpio, lo que les hace compartir algunas similitudes con este signo. Al igual que los Escorpio, los Libra pueden ser relativamente mordaces, por lo que podrían herir a alguien utilizando solo sus palabras.

No es frecuente presenciar a un Libra visiblemente enfadado. A este signo le gusta el equilibrio y la armonía, pero cuando alguien ha inclinado su balanza y un Libra está descontento, empezará a hablar.

Naturalmente, los Libra evitan a toda costa las peleas, los conflictos y los enfrentamientos. Sin embargo, el día que inician un conflicto es un día en el que usted sabe que ya no pueden reprimirlo más. Este tipo de supresión conduce a una erupción de palabras hirientes porque los Libra suelen decir la verdad. La verdad, en este caso, puede ser fea y aunque es algo que quizá usted no quiera oír, es algo que un Libra no puede reprimir por más tiempo.

Al igual que Tauro, este signo está regido por Venus, el planeta de la energía femenina, el amor, la belleza y las relaciones. Esto convierte a Libra en todo un artista, ya que sienten un aprecio natural por cualquier cosa que emane belleza.

Influenciados por este planeta, se preocupan mucho por las relaciones ya sean románticas o de amistad íntima. Puede que al principio le parezcan distantes, pero a menudo observan y analizan su entorno. Su actitud distante no significa que no busquen a una persona con la que compartir su vida. Los Libra aprecian el compañerismo. Para ellos, todo va en dos, como la balanza. El compañerismo aporta armonía y equilibrio a sus vidas, por lo que es algo que buscan inconscientemente.

Los Libra se rigen por la balanza. En otras palabras, el equilibrio es vital para ellos. Esto se manifiesta en todos los ámbitos de la vida de Libra. Requieren equilibrio emocional y equilibrio físico. Necesitan equilibrio en las conversaciones, por lo que les gusta un buen toma y daca. No les gusta que el diálogo se convierta en un monólogo y aprecian que la gente sea consciente de ello. Las interrupciones podrían considerarse una manía para Libra.

Libra es un signo de aire, por lo que no es de extrañar que les guste observar, analizar y comunicar. Puede que permanezcan en su cabeza durante un tiempo, pero tienen mucho que compartir una vez que están presentes. Normalmente, cuando evitan un conflicto, piensan qué decir o cómo actuar la próxima vez que vean a la persona que les ha ofendido. Los Libra pueden ser hirientes con sus palabras airadas, por lo que a los Libra más evolucionados les gusta tomarse su tiempo antes de hablar.

Su capacidad de comunicación también se ve favorecida por su calidad de aire. Como ya sabrá a estas alturas, a los signos de aire les encanta socializar y comunicarse con otra persona. Por eso este signo aprecia rebotar ideas en otras personas. Pueden decidir por sí mismos, pero prefieren que alguien les acompañe durante este proceso.

Este signo también forma parte del club cardinal y ellos también son iniciadores. Sin embargo, es probable que los Libra inicien cosas que vayan de la mano con sus intereses. Esto significa que es más probable que los Libra inicien una conversación con un desconocido o con nuevos colegas. Se les ocurren sugerencias sobre una elegante cita nocturna o solicitan pasar tiempo de calidad con usted.

Palabras clave:

- Esteta
- Diplomático
- Encantador
- Amante de la paz

- Estratégico
- Gusto sofisticado
- Superficial
- Indeciso
- Indiferente
- Se distrae fácilmente

Evitación de conflictos **Símbolo:** La balanza **Frase clave:** "Yo equilibro".
Modalidad: Cardinal
Elemento: Aire
Regente planetario: Venus
Signo opuesto: Aries
Casa: 7ª

Escorpio ♏

Periodo: 23 de octubre - 21 de noviembre

Como ya se ha mencionado, Escorpio es el opuesto de Tauro. Por eso tienen rasgos similares. Tauro disfruta de la vida a través de los cinco sentidos y los Escorpio son iguales, en cierto modo. Como los genitales rigen este signo, el sexo desempeña un papel importante en sus vidas. No se trata solo del acto en sí, sino más bien de lo que significa y de su efecto en ellos. Existe en sus vidas con gran intensidad y puede ser causa de gran placer o de gran culpa y vergüenza. En cualquier caso, los Escorpio persiguen ese sentimiento y alcanzan su gratificación a través del sexo.

Los Escorpio también se parecen a los Tauro en lo que se refiere a la mentalidad de propiedad. Son controladores por naturaleza como resultado de sus problemas de confianza. La mayoría de las personas nacidas bajo este signo del zodiaco han desarrollado problemas de confianza durante la infancia. Lo más probable es que idealizaran a uno o varios padres que traicionaron su confianza. Como resultado, un Escorpio se siente profundamente herido por esta traición y no se ponen fácilmente en posiciones vulnerables. De ahí su mentalidad de control y propiedad.

Si mantiene una relación con un Escorpio, notará cómo le persiguen y, una vez que le tienen, creen que son sus dueños. Esto se debe a su intensidad plutoniana y a su falta de confianza en las personas.

Plutón rige este signo del zodiaco. La energía de este planeta está inmersa en temas como la transformación, la muerte, el renacimiento, lo oculto, el misticismo y cualquier cosa tabú por naturaleza. Este planeta afecta a los Escorpio hasta la médula. Llevan de forma natural esa energía transformadora en su interior, para bien o para mal. Eso no significa que sean fácilmente influenciables o que cambien de opinión con facilidad. Sin embargo, tienen una capacidad única para cambiar la vida de alguien.

Cuando las intenciones de los Escorpio son buenas, pueden serle increíblemente leales. Esto se debe a su fuerte compromiso y determinación. Los Escorpio tienen el don de ver el potencial en todo, así que un Escorpio lo verá por usted, aunque usted no vea su potencial. Querrán compartir su don con usted y transformarán su vida para mejor. Su vida se transformará en algo que no tenía ni idea de que podía ser.

Los Escorpio son valientes por naturaleza. No tienen miedo de decir lo que piensan y no rehúyen enfrentarse a sí mismos o a sus seres queridos. La confianza y el carisma que poseen les permite hablar libremente sin temer las consecuencias.

Los Escorpio tienden a vivir su vida desde un extremo u otro del espectro, pero nunca en el medio. En otras palabras, son seres extremos. Todo lo que hacen, e incluso su forma de pensar, lo llevan siempre al extremo. No comprenden el gris turbio de la vida, donde las cosas no son necesariamente blancas como el cristal ni negras como el carbón. De nuevo, esto se debe a la intensidad de Plutón en este signo.

Plutón está afiliado a lo oculto y a cualquier cosa oscura o misteriosa. Esto se refleja en el secretismo innato de los Escorpio. Son reservados por naturaleza, aunque no intencionadamente todo el tiempo. Si es amigo o tiene algún tipo de relación con un Escorpio, se dará cuenta de que probablemente saben más de usted que usted de ellos. Hay cosas que se guardan para sí mismos. Esto puede deberse a su falta de confianza o a su afán de venganza.

El símbolo de este zodíaco es muy malinterpretado. La gente cree que lo representa un escorpión, pero la cola del escorpión representa a este signo. ¿Por qué la cola? Porque es dolorosa, violenta y, a veces, mortal.

Si alguna vez ha observado a un escorpión matar a su presa, habrá notado lo sigiloso y silencioso que era; cómo enganchaba su aguijón a la presa, soltándolo solo una vez que el aguijón se había hundido. Así es como muerde un Escorpio en la vida real. No sueltan las cosas que les han hecho daño y tampoco son del tipo olvidadizo. El dolor no les sienta bien, así que planean su próxima picadura.

Los Escorpio son un signo de agua. Este hecho por sí solo debería decir mucho sobre su intuición, profundidad emocional e intensidad. Los signos de agua sienten las cosas hasta la médula y los Escorpio no son diferentes. Su intuición es fuerte, aunque no sean conscientes de ello. Pueden saber si alguien está siendo manipulador o poco auténtico con solo mirarle a los ojos.

Este signo del zodiaco también forma parte del club de los signos fijos. Esto le indica que están naturalmente comprometidos con cualquier cosa en la que crean. Son muy trabajadores y pueden ser serios cuando es necesario. Pueden ser un poco testarudos y no podrá cambiar sus opiniones fácilmente, pero no es imposible hacerlo.

Palabras clave:

- Ingeniosos
- Motivado
- Consciente
- Apasionado
- Indagador
- Reservado
- Intenso
- Vengativo
- Violento
- Controlador

Desconfiado **Símbolo:** Cola de escorpión **Frase clave:** "Deseo".

Modalidad: Fijo

Elemento: Agua

Regentes planetarios: Plutón y Marte

Signo opuesto: Tauro

Casa: 8ª

Sagitario ♐

Periodo: 22 de noviembre - 21 de diciembre

Sagitario es el noveno signo del zodíaco y está opuesto a Géminis. Esta colocación significa que comparten cualidades similares, como su energía extrovertida y sus grandes habilidades sociales. A los Sagitario les encanta comunicarse con todo el mundo. Aprecian hablar con usted y aprender de usted.

Los sagitarianos son buscadores de la verdad, por lo que es un viaje llegar a su verdadero yo cuando hablan con usted. No les interesa quién es usted ni los niveles superficiales de lo que es.

Como a los Géminis, a ellos también les encanta aprender. Tienen hambre de conocimiento y les gusta experimentarlo en abundancia. En otras palabras, no se sienten satisfechos cuando aprenden a través de un solo método. Prefieren obtener sus conocimientos de distintas fuentes y de varias maneras.

Aprenden de las personas observándolas. Si están sentados con usted, pueden aprender sobre su psique y su comportamiento como ser humano y registrar este conocimiento con la experiencia previa. Por lo tanto, no se trata tanto de los consejos que puedan compartir, sino más bien de cómo se comportan, actúan y reaccionan.

No solo son buscadores de la verdad, sino que también son habladores de la verdad. Para bien o para mal, los sagitarianos son francos. Usted sabrá a qué atenerse en su vida porque le dirán la verdad alto y claro. La forma en que expresan su honestidad puede herir, por lo que quizá quieran trabajar para ser sensibles con los demás. Pero desde un punto de vista más positivo, nunca tendrá que preguntarse si dicen la verdad o no.

Esto no significa que nunca mientan, pero los sagitarianos no sienten la necesidad de ocultar su verdad en los momentos importantes. En otras palabras, lo que ve es lo que hay.

Este signo del zodiaco está regido por Júpiter, el planeta de la buena fortuna. Los sagitarianos llevan consigo esta suerte natural, incluso cuando atraviesan una mala racha. Si están experimentando una pérdida, algo bueno puede salir de ella. A veces su buena suerte se encuentra en su capacidad para notar lo positivo en todo, incluso en las malas situaciones.

Júpiter tiene que ver con la aventura y la expansión y Sagitario no es diferente. Son personas especialmente aventureras. Aprecian cualquier experiencia nueva que enriquezca sus vidas.

También tienen un pequeño filósofo que reside en su interior. A menudo se preguntan las cuestiones más profundas de la vida y no temen buscar en lo más profundo de su mente o en una fuente externa para encontrar las respuestas a sus preguntas.

Esto también les convierte en personas espirituales. La espiritualidad y la religión son diferentes y pueden sentir esta diferencia en sus corazones. Pueden estar en contacto con las energías ocultas que vagan por el universo y sentir sus efectos en su vida cotidiana.

También son personas bastante optimistas y tienen una extraordinaria capacidad para contagiar su alegría allá donde van. Por supuesto, esto solo ocurre cuando están de buen humor, pero los sagitarianos no tienen fama de ser un signo gruñón.

El arquero representa a este signo. El arquero es libre, independiente y se fija con precisión en lo que quiere alcanzar. Este signo del zodiaco encarna las mismas cualidades. Su libertad es valiosa para ellos y no la comprometerían fácilmente.

Son pensadores independientes y viven su vida de la misma manera. A los sagitarianos no les gusta estar atados a situaciones o personas, por lo que prefieren vivir de forma independiente sin que nadie influya en su libertad.

Una vez que tienen un objetivo y su meta está clara, apuntan hacia ella sin dudarlo. Están decididos a alcanzar lo que buscan sin dejarse agobiar por el miedo o la responsabilidad como el arquero.

Pueden tener algunos problemas de compromiso, pero pueden trabajar en ellos en cuanto entiendan lo que significa ser independiente, incluso en una relación. Puede que necesiten aprender más sobre el arte del compromiso, pero nada está realmente fuera de su alcance una vez que tienen la vista fija en ello.

Este signo del zodiaco es un signo de fuego, por lo que ya puede entender el porqué de su personalidad apasionada. Tienen un fuego que enciende sus deseos, su energía y su hambre de consumir conocimientos. También son individuos bastante activos y actúan con objetivos proactivos para llegar a su destino.

También forman parte del club de los mutables. Pueden ser un poco inquietos de vez en cuando y pasar por una fase de atolondramiento, pero una vez que salen de ella, vuelven a ser ellos mismos. Como el resto de los mutables, tienen una habilidad natural para añadir su creatividad y mejorar cualquier cosa en la que pongan sus ojos.

Palabras clave:
- Filosófico
- Recto
- Atlético
- Optimista
- Estratégico
- Justo
- Contundente
- Intratable
- Charlatán
- Impaciente

Exagerado **Símbolo:** Flecha de arquero **Frase clave:** "Entiendo".

Modalidad: Mutable

Elemento: Fuego

Regente planetario: Júpiter

Signo opuesto: Géminis

Casa: 9ª

Capricornio ♑

Periodo: 22 de diciembre - 21 de enero

En lo que respecta a la colocación, este signo del zodíaco es el opuesto de Cáncer. Los Cáncer se toman muy en serio lo de tener un hogar para ellos. Les gusta la idea de la familia y no se la toman a la ligera. Los Capricornio son muy parecidos en este aspecto.

Los Capricornio tienden a tener una mentalidad tradicional cuando se trata de la vida familiar. Quieren un compañero de vida serio que sea tan dedicado como ellos y desean construir un hogar y formar una familia con él.

Normalmente, no se apresurarán a encontrar a alguien adecuado. Sin embargo, siempre estarán atentos a un posible compañero de vida. Lo más probable es que observen a todo el mundo en segundo plano, para saber a quién tomar en serio y a quién dejar de lado.

Aunque los Capricornio han tenido su buena ración de dificultades, esto no significa que no sepan cómo desconectar y divertirse. Adoptan características similares a las de un Cáncer y las emulan. También pueden ser divertidos y a veces tontos. Cuando tienen ganas de hacer reír, su sentido del humor tiende a ser sarcástico.

Saturno rige este signo y emula muchas de las cualidades del planeta. Al igual que el planeta, los Capricornio tienen una mentalidad que gira en torno a la ambición, los objetivos y la estructura. Suelen tener claro lo que quieren hacer en la vida y cuentan con la resistencia suficiente para alcanzarlo.

La dedicación y el compromiso son casi una segunda naturaleza para los Capricornio y son conscientes de estos conceptos desde muy pronto en la vida.

Influenciados por Saturno, la mayoría de los Capricornio han vivido una infancia difícil. Es posible que hayan tenido que crecer demasiado pronto o que hayan comprendido muy pronto el peso de la responsabilidad. La misión de Saturno es moldearle hasta convertirle en la mejor versión de sí mismo, aunque el proceso sea feo. Este tipo de energía les influye, por lo que están acostumbrados a luchar para llegar a su destino. Están más acostumbrados a que las cosas les salgan mal, por lo que no tienen grandes expectativas de forma natural.

La cabra es el símbolo de este signo. Esto se refleja en la forma en que un Capricornio se enfrenta a la vida. Saben que tienen una alta montaña que escalar y comprenden que el camino puede no ser siempre llano. Pero esto no les desanima. Escalan la montaña y caminan sobre rocas afiladas para alcanzar la cima. El proceso puede ser lento, pero saben que llegarán a su debido tiempo.

El progreso de un Capricornio puede ser lento. Puede que tarden años en alcanzar sus objetivos. Sin embargo, nunca pierden de vista sus planes y se levantan cada día y completan tareas que sirven a su propósito. No les resulta difícil tener éxito o alcanzar puestos elevados en la sociedad porque tienen la mentalidad adecuada y la resistencia suficiente para seguir adelante.

Este signo es de tierra. Esto les da una ventaja en lo que se refiere a su capacidad de organización y gestión del tiempo. Este elemento también refleja el deseo de imagen pública de Capricornio. Este signo se preocupa mucho por cómo es visto en público. Le importa el estatus social y siempre quiere mantener su reputación. Se preocupan por su reputación y por la de cualquier persona estrechamente relacionada con ellos. Para un Capricornio, su familia y sus hijos también reflejan su imagen ante el público. Por lo tanto, se toman muy en serio este tipo de asuntos y suelen ser serios al respecto.

Capricornio también forma parte del club de los cardenales. Dedican esta energía a sumar y crear proyectos y planes que sirvan a su empuje y ambición. Sin embargo, a diferencia de otros cardenales, Capricornio se compromete firmemente con sus planes, por lo que una vez que estos se ponen en marcha, no hay quien pare a un Capricornio.

Palabras clave:
- Trabajador
- Responsable
- Serio
- Profesional
- Económico
- Cauteloso
- Egoísta
- Melancólico
- Fatalista
- Dominante

Implacable **Símbolo:** Cuerno y cola de cabra **Frase clave:** "Yo uso".

Modalidad: Cardinal

Elemento: Tierra

Regente planetario: Saturno

Signo opuesto: Cáncer

Casa: 10ª

Acuario ♒

Periodo: 22 de enero - 21 de febrero

Como ya se ha mencionado, la oposición desempeña un papel perjudicial en Astrología. Recuerde que los opuestos se atraen porque tienen características similares y diferentes. La colocación de Acuario es opuesta a la de Leo. Al ser fuertemente humanitarios, son leales a su gente. Se preocupan por las personas de su vida, incluso cuando están emocionalmente distanciados.

El desapego emocional es una característica de Acuario. Normalmente, con los Leo, sus emociones se dramatizan en la superficie. Acuario es todo lo contrario a eso. Es algo con lo que luchan de vez en cuando porque puede llegar a un punto en el que duden de tener emociones.

Por el contrario, los Acuario sí tienen sentimientos, pero no existen en la superficie y son hábiles ocultando sus sentimientos incluso a otros Acuario.

Puede que a la gente le resulte difícil este rasgo, pero el amor, el cariño y la lealtad de los Acuario suavizan su indisponibilidad emocional y su desapego.

Al igual que a los Leo, a los Acuario les encanta tener amigos. Se preocupan mucho por los seres humanos y los temas humanitarios, por lo que se puede afirmar que les encanta estar rodeados de gente. Son sociables y les encanta observar a la gente reaccionar e interactuar. Recogen información sobre su entorno con fines educativos la mayor parte del tiempo. Aprenden mucho sobre la psique humana a partir de sus interacciones o de sus observaciones.

Debido a sus habilidades sociales, son muy hábiles en la creación de redes y suelen tener contactos de todos los ámbitos de la vida. Son excelentes miembros de cualquier equipo en el que participen y disfrutan con diferentes actividades de grupo.

Urano rige este signo y ejerce una gran influencia sobre él. Acuario es orgullosamente poco convencional. No sucumben a las reglas sociales a gran escala y lo mismo podría decirse de su vida personal. No siguen las reglas de la casa ni se dejan llevar por la corriente en sus grupos de iguales.

Puede que hayan crecido sintiéndose diferentes a los demás. Es posible que se hayan sentido alienados y que les haya costado relacionarse con su entorno. Esto les pasó factura durante sus años de infancia, pero abrazaron esa energía cruda de Urano que llevaban dentro a medida que crecían.

Descubrirá que los Acuario expresan su originalidad en su ropa, estilo artístico, música, decoración de la casa o cualquier cosa que vean en público. Inconscientemente se empeñan en decir: "Soy diferente, soy original" y eso se nota.

Podrían ser vistos como rebeldes, pero la verdad es que solo son personas individualistas y libres. No seguirán adelante con nada que comprometa su libertad o reprima su originalidad.

Urano les confiere esa frialdad o actitud de desapego. Así que, en una relación cercana con un Acuario, deles su espacio y distancia. Con el tiempo se abrirán a usted cuando no se sientan presionados. Comprenda que le quieren, pero no soportan que nada ni nadie afecte su libertad.

El aguador es el símbolo de este signo. Los humanos no pueden vivir sin agua. Es una necesidad absoluta. El agua representa aquí el conocimiento y la invención. La tecnología y los inventos no habrían existido sin los conocimientos básicos. Por eso estos temas se asocian a este signo.

Son inventivos y ávidos buscadores de conocimientos. Están aquí para sacar a la luz nuevas ideas, por muy poco convencionales o extrañas que parezcan al principio. Su mente es futurista y a menudo se preguntan sobre conceptos poco convencionales que podrían utilizarse para la humanidad.

Acuario es un signo de aire, por lo que tienen talento para la comunicación. Sin embargo, saben mantener las distancias cuando es necesario. Este signo no se siente cómodo con los compromisos debido a su desapego natural. Puede que no sean el signo que se sienta más cómodo con la vulnerabilidad emocional y no logran captar su importancia.

Al igual que otros signos fijos, Acuario es obstinado en ocasiones. Pero su modalidad fija le da la determinación para seguir adelante con sus objetivos. A diferencia de otros signos fijos, tienen una mentalidad más abierta a opiniones e ideas diferentes, pero lo más probable es que al final se escuchen a sí mismos.

Palabras clave:
- Progresista
- Intelectual
- Tolerante
- Científico
- Altruista
- Independiente
- Rebelde

- Tímido
- Frío
- Imprevisible
- Impersonal

Símbolo: Aguador
Frase clave: "Lo sé".
Modalidad: Fijo
Elemento: Aire
Regente planetario: Urano
Signo opuesto: Leo
Casa: 11ª

Piscis ♓

Periodo: 22 de febrero - 21 de marzo

El último signo del zodíaco es Piscis. La colocación de este signo es interesante porque a menudo se compara con Aries. Aries es el primer signo, por lo que es casi como el bebé del zodíaco y se puede considerar a Piscis del mismo modo.

Los Piscis son sabios y tienen esa energía de "alma vieja" que reside en ellos. Son el último signo, lo que les hace estar en sintonía con las energías del universo.

Son empáticos y comprensivos por naturaleza. La gente podría confundir estos rasgos con pasividad, pero es todo lo contrario. Los Piscis comprenden cómo funcionan los seres humanos y el mundo. No sienten la presión de demostrar quiénes son ni de presumir de sus capacidades ante los demás porque entienden que todo es finito.

También son opuestos a Virgo, por lo que también les gusta estar al servicio de los demás. Están disponibles para ayudar a los demás ya sea emocionalmente o en cualquier otro ámbito de la vida. Tienen una gran generosidad en su interior para dar a los demás constantemente.

Debido a su gran empatía y disposición a ayudar, a menudo se auto aíslan. La gente a veces se toma esto como algo personal, pero los Piscis necesitarán sentarse en su rincón y recargarse. Están constantemente conectados a la energía de todo el mundo, hasta el punto de que necesitan descansar y reponerse.

Neptuno rige este signo. Esto dice mucho de sus capacidades espirituales y psíquicas. Están en sintonía con el universo sin esfuerzo, por lo que son espirituales por naturaleza, aunque aún no sean conscientes de ello.

Su imaginación no conoce límites. Alimentados por Neptuno, pueden ser soñadores y viajar por mundos en su mente. No están demasiado apegados a este reino porque sus mentes están subconscientemente en sintonía con diferentes reinos simultáneamente. Es muy probable que experimenten otros reinos con diferentes dimensiones mientras duermen.

Su energía neptuniana se intensifica cuando participan en cualquier actividad espiritual ya sea a través de la meditación o estando al servicio de los demás. Su planeta regente también les proporciona una comprensión única del sexo. Para Piscis, el sexo es un acto espiritual y cuanto más cómodos se sienten con su sexualidad, más abiertos se vuelven. Una vez que alcanzan este estado de paz interior con su sexualidad, su energía y su aspecto cambian, se sienten más abiertos a los demás y su presencia es reconfortante y acogedora.

Neptuno también les proporciona un amplio aprecio por el arte, especialmente la música. Los Piscis sienten la música a un nivel energético. Son de los que sienten la letra o sienten la música hasta la médula. La mayoría de ellos tienen un talento natural para los instrumentos. Otros simplemente sienten un gran aprecio por la música en general.

Este planeta también convierte a un Piscis en una especie de escapista. A veces la vida se les hace demasiado dura y prefieren evadirse a otro mundo ya sea a través de un libro o una película. Otros se evaden consumiendo ciertas sustancias que no se catalogarían como especialmente saludables. Mientras Piscis afronte una cantidad saludable de escapismo, no debería enfrentarse a ningún problema.

Este signo está simbolizado por dos peces que van en direcciones opuestas. Un pez está conectado con la realidad y el otro con el reino espiritual. Un pez quiere alcanzar objetivos relacionados con la tierra, como un trabajo, una carrera profesional, dinero y estatus. El otro pez quiere cuidar los niveles energéticos y ayudar a los demás con su energía y espiritualidad.

Esto puede causar una lucha para los Piscis, ya que van y vienen entre las exigencias de ambos reinos. Por eso también les cuesta ser prácticos con objetivos realistas.

También son sanadores espirituales, por lo que son muy sensibles y comprensivos. Le ayudarán a sanar en distintos ámbitos de la vida, pero usted también tiene que demostrar que se preocupa por ellos.

Su elemento agua también pone de manifiesto su sensibilidad. Al igual que sus otras hermanas de agua, sienten las emociones a un nivel más profundo. Pueden perderse en sus emociones debido a su energía neptuniana. Están conectados a sus emociones, y aunque no están cegados por ellas, pueden perderse fácilmente.

También son un signo mutable, por lo que son bastante desenvueltos y tienen mucha creatividad para compartir con los demás. Normalmente, cuando se les entrega una tarea, añaden su toque creativo a esa tarea y la hacen mucho mejor que cuando se les entregó.

Palabras clave:

- Soñador
- Introspectivo
- Musical
- Científico
- Altruista
- Independiente
- Pesimista
- Melancólico
- Indolente

Tímido **Símbolo:** Dos peces unidos **Frase clave:** "Creo".

Modalidad: Mutable

Elemento: Agua

Regente planetario: Neptuno

Signo opuesto: Virgo

Casa: 12ª

Capítulo 4: Las doce casas

La carta natal se divide en doce secciones llamadas casas. En astrología, las casas están regidas por determinados planetas y signos. El gobierno se basa en temas compartidos entre las casas, los signos y los planetas. Por ejemplo, la luna rige Cáncer porque está relacionada con los instintos maternales, la maternidad, la crianza, la casa de la infancia y la energía femenina en general. Estos temas coinciden con la cuarta casa y, por lo tanto, están regidos por la luna y Cáncer.

Tenga en cuenta que se considera la colocación perfecta si tiene la Luna o Cáncer en la cuarta casa. Este cuerpo luminoso o signo está en armonía con su colocación. Por supuesto, esto no siempre significa que usted haya tenido la crianza perfecta y la mejor casa de la infancia, pero dependiendo de los aspectos del planeta, no es una desventaja.

La Casa Primera: La casa del yo

El ascendente se sitúa en la cúspide de la primera casa. Su ascendente representa su persona exterior en astrología, o más bien cómo le percibe la gente. Por lo general, la gente no llega a ver su verdadero yo una vez que le conoce. Pero sí conocen su ascendente. Digamos que su signo solar está en Libra y que su ascendente está en Capricornio para entenderlo mejor. Esto significa que la gente le ve como un Capricornio y usted actúa como tal, pero cuando llegan a conocerle más, se encuentran con su signo solar.

Esto no quiere decir que este sea un lado falso de usted; es muy real. Piense en ello como la primera capa de su personalidad. Su ascendente también desempeña un papel vital en el crecimiento, especialmente durante la infancia. Es decir, cuando usted era niño, se comportaba según el signo ascendente, no según el signo solar.

El ascendente también le informa de cómo actuará y se presentará durante las nuevas fases de la vida. Cada vez que se encuentre en un lugar nuevo, con gente nueva o haya entrado en un nuevo capítulo, se comportará según su signo ascendente. Por lo tanto, si quiere conocer mejor sus modales, puede que le interese echar un vistazo a su signo ascendente, que estará situado en la cúspide de la primera casa.

Usted también se parece a su ascendente. Si su ascendente es Libra, entonces su cuerpo está bien proporcionado y su cara o su cuerpo son atractivos. Los astrólogos han llegado a esta conclusión basándose en los siguientes factores: el regente del ascendente, las características del ascendente y el regente de la primera casa. En este caso, Libra es el ascendente, por lo que Venus rige Libra, lo que implica belleza física. A Libra le gusta el equilibrio, de ahí el cuerpo bien proporcionado. Aries rige la cabeza, lo que sugiere un rostro bello. Puede aplicar la misma lógica a su signo ascendente. Piense en él como en un espejo astrológico en el que puede mirarse y ver su reflejo.

La primera casa y el ascendente conforman en gran medida su identidad y su ego. Su identidad es su signo ascendente y los planetas de la primera casa. No todo el mundo tiene planetas en su primera casa. Esto no significa necesariamente nada, pero quizá quiera leer sobre su signo ascendente si este es su caso. Sin embargo, si tiene planetas allí, quizá quiera entender cómo le influyen y cómo afectan a su ego.

Tenga en cuenta que el planeta que rige su signo AC es el planeta que tiene el gobierno sobre su carta. ¿Qué significa esto? La regencia de la carta significa que el planeta que rige su signo AC es el planeta que tiene el efecto más fuerte sobre usted. Por lo tanto, cuando este planeta está retrógrado, en tránsito o en progresión, usted será el más afectado por él. Es como si usted fuera específicamente sensible al movimiento de este planeta.

Si su AC es Aries, Marte rige su carta. Por lo tanto, cuando Marte esté en tránsito y un aspecto con otro planeta lo afecte, sentirá este aspecto fuertemente.

Palabra clave: Identidad
Planeta regente: Marte
Signo: Aries

La Casa Segunda: La casa de la sustancia

La segunda casa rige la seguridad personal. Esto incluye la seguridad financiera, física y emocional. Tauro, un signo de tierra, rige esta sección para entenderlo mejor. Esto significa que esta zona de su carta representa su dinero y otros objetos materialistas que posee. También refleja su relación con el materialismo y cómo ve su dinero.

Por ejemplo, digamos que Aries está en su segunda casa. Esto le indica que es directo con la forma de conseguir su dinero y que tiene mucha energía y creatividad con la forma de obtener la cantidad de dinero que necesita. También sugiere que usted es un emprendedor o que recibe sus ingresos a través de proyectos independientes. También es posible que sea impaciente y necesite recoger inmediatamente las semillas que ha sembrado.

También puede obtener información sobre lo que desea y cómo desea obtenerlo. Puede que sus deseos sean un misterio para usted en este momento, pero si examina esta sección, podrá comprender lo que necesita y desea profundamente tener en su vida. Basándose en esto, podrá comprender lo que atrae a su vida y cómo lo atrae.

La segunda casa también está relacionada con la autoestima y el valor. La forma en que se percibe a sí mismo y lo que piensa de sí mismo están influidos por esta casa, su signo y los planetas que hay en ella. Las personas con Neptuno en la segunda casa, por ejemplo, pueden hacerse ilusiones sobre su valía. La exageran o la consideran mucho menor de lo que es. Algunas personas tienen falsas creencias sobre sí mismas debido a la influencia de Neptuno.

Para tener una idea más clara, compruebe su signo de la segunda casa y vea si hay algún planeta en ella. Después de hacerlo, estudie el signo de esta zona de su carta natal y establezca comparaciones entre él y su forma de ver y comportarse en torno a sus posesiones y su autoestima. La misma lógica se aplica a los planetas, si hay alguno allí. Los planetas influirán en usted para que se comporte de una determinada manera y es posible que muestre algunos rasgos de dicho planeta.

Palabra clave: Valores
Planeta regente: Venus
Signo: Tauro

La Tercera Casa: La casa de la comunicación

Mercurio y Géminis rigen la tercera casa, por lo que esta tiene que ver con las facultades mentales. Para comprender mejor esta sección, puede fijarse en su colocación en la carta natal. La casa tercera está opuesta a la casa novena. Ya sabe que la oposición en astrología no es casual, sino que siempre tiene un propósito. La tercera casa rige la parte cognitiva del cerebro, mientras que la novena rige los conceptos abstractos que genera la mente. En otras palabras, esta zona de la carta astral rige el pensamiento analítico, la comunicación, la escritura, la lógica, la compartimentación y otras funciones del hemisferio izquierdo del cerebro.

Si siente curiosidad por su proceso de pensamiento, por cómo se le ocurren sus ideas y por cómo se comunica con los demás o consigo mismo, quizá le interese comprobar su signo de la tercera casa para ver si hay algún planeta en ella. Para conocer mejor esta parte de su cerebro, quizá desee comprobar los aspectos entre los planetas de la tercera casa y Mercurio.

También puede conocer su actitud hacia el conocimiento y el aprendizaje. Por ejemplo, los Escorpio en la tercera casa podrían utilizar el conocimiento en su beneficio o ser reservados con lo que saben. Los Escorpio perseguirán el conocimiento siempre que despierte su curiosidad. También tienden a perseguir lo que no está en la superficie. Por otro lado, los Leo pueden ser generosos con sus conocimientos una vez que usted forma parte de su círculo.

La tercera casa también rige las relaciones con hermanos, primos, tíos y vecinos. El tipo de colocaciones en la tercera casa puede asemejarse a ciertos rasgos que tienen sus hermanos o a características que usted proyecta en ellos.

Esta zona de su carta natal también da forma a sus primeras experiencias escolares. Usted aprendió de sus compañeros y amigos al igual que lo hizo de sus profesores durante sus años escolares. Además, los astrólogos afirman que varios planetas en la tercera casa sugieren que la persona cambió frecuentemente de ambiente mientras crecía.

Palabra clave: Conciencia

Planeta regente: Géminis

Signo: Mercurio

La Cuarta Casa: La casa de las raíces

El Imum Coeli, también conocido como IC, tiene lugar en la cúspide de la cuarta casa. Imum Coeli es el "fondo del cielo", en referencia a nuestras raíces. Temas como la infancia, los padres, el hogar, la vida familiar y la vida interior se dan en la cuarta casa.

El signo de su cuarta casa es revelador de su infancia y del tipo de niño que fue. ¿Recibió amor? ¿Creció en una casa que le proporcionaba amor y calor? ¿O creció en un ambiente frío y solitario? Estas son el tipo de preguntas que puede hacerse al revisar esta sección de su carta natal.

La Luna y Cáncer rigen la cuarta casa, por lo que no es de extrañar que esta represente a la madre y la vida familiar. Si una nube se cierne sobre su relación con su madre o su familia inmediata, puede buscar este tipo de conocimiento en su signo de la cuarta casa.

Debe prestar atención a los planetas que se encuentran en esta sección. Por ejemplo, si tiene a Neptuno en la cuarta casa, es posible que sus padres hayan tenido una visión ilusoria de quién es usted como persona. Es posible que le hayan visto como una prolongación de sí mismos o que le hayan colocado en un pedestal en lugar de tratarle como a un niño.

Si tiene planetas en la cuarta casa, lo mejor es que los estudie y comprenda cómo afectaron a su infancia. Algunas personas tienen la Luna en la cuarta casa. Esto no siempre significa que tuvieran una madre cariñosa. Puede significar que tuvieron que asumir el papel de cuidadores a una edad temprana y que nadie les cuidó durante sus años de infancia.

Los astrólogos dicen que la cuarta casa a veces se refiere al padre, no solo a la madre. Por eso es mejor considerar la cuarta casa como una sección que retrata la vida familiar temprana, no necesariamente solo la relación con la madre.

La cuarta casa también está relacionada con nuestra alma. Esto significa que los planetas en la cuarta casa y su signo de la cuarta casa también le describirán a usted. Por ejemplo, una persona que tenga Capricornio como signo de la cuarta casa podría haber crecido en un ambiente frío. También significa que, en el fondo, es una persona trabajadora y que le cuesta abrirse a sus emociones.

Palabra clave: Raíces

Planeta regente: La Luna

Signo: Cáncer

La Quinta Casa: La casa del placer

La quinta casa está regida por el Sol y Leo. Naturalmente, esta casa tiene que ver con las salidas creativas, el placer y los niños. La cuarta casa revela una parte de su identidad en lo más profundo de su ser que quizá haya pasado por alto. Pero la quinta casa es exactamente lo contrario. Es la parte de su identidad con la que más se identifica o que más placer le proporciona.

Dado que esta parte está regida por el Sol, que es el ego y por Leo, a quien le encanta ser el centro de atención, esto es natural. Varios factores de la carta natal conforman su personalidad única. La quinta casa representa una parte de su identidad que le hace brillar y le hace único.

El signo de su quinta casa revela dónde alcanzan su punto álgido su creatividad y su personalidad única. Participar en actividades armoniosas con su signo de la quinta casa puede hacerle sentir que está en la cima del mundo. Le da placer y le aporta felicidad. Por eso esta sección rige su placer en la vida.

Esta sección de su carta natal también rige a los niños. Puede que esto le parezca extraño al principio, pero el sol da vida a todo y por eso es el regente de la quinta casa. Naturalmente, esta parte también rige a los niños.

Esto no siempre significa que vaya a tener hijos a lo largo de su vida. Sin embargo, podría mostrar el papel de los niños en su vida. Las personas con Júpiter en la quinta casa tienen muchas probabilidades de tener hijos propios. Otros tienen a Urano en su quinta casa, lo que podría significar que podrían adoptar o ser una figura materna o paterna para los niños de su vida.

También pueden conocer mejor sus talentos a través de esta zona de su carta natal. Las personas con Escorpio en su quinta casa podrían deleitarse haciendo algún trabajo detectivesco como pasatiempo. Puede que disfruten practicando, haciendo o leyendo más sobre ocultismo. Dada la naturaleza sexual de los Escorpio, también podrían disfrutar de una rica vida sexual.

Es importante dedicarse a cualquier salida creativa armoniosa con su signo de la quinta casa. Esto le proporcionará una sensación de verdadera alegría, en la que se encontrará realmente en su elemento. Por ejemplo, los signos de la quinta casa, como Tauro, podrían ser grandes chefs y disfrutar haciendo comida para los demás. A los Cáncer podría gustarles diseñar casas, crear un ambiente acogedor o ser decoradores de bodas. Los Piscis podrían perderse en la música y la fotografía y podrían pasar la mayor parte del tiempo cantando, haciendo música o tomando fotografías.

Averigüe qué signo reside en su quinta casa y compruebe si hay algún planeta en ella. Para obtener más información, puede comprobar qué tipo de aspectos tienen estos planetas con su sol. Así podrá comprender mejor cómo le gusta esforzarse creativamente y conocer mejor su ego y su identidad.

Palabra clave: Creatividad

Planeta regente: El Sol

Signo: Leo

La Casa Sexta: La casa del servicio

Mercurio y Virgo rigen la sexta casa. Naturalmente, esta casa está asociada con el servicio y el deber. Esta sección le muestra cómo puede servir a los demás. Esto no siempre significa servicio a lo largo de su carrera; podría tratarse simplemente de cómo puede mostrarse a los demás y ofrecerles ayuda real.

Esta sexta casa hace agujeros en su confianza, no para derribarle, sino para hacerle mejor, de forma muy parecida a la energía de Virgo. Esta sección le ayuda a ser más dedicado y consciente de sus responsabilidades. También muestra la naturaleza de su servicio y de las personas que le sirven. Dependiendo de las colocaciones de los planetas, podrá comprender mejor esta parte si tiene alguna allí.

Si desea saber más sobre su posición en el lugar de trabajo y la naturaleza de su relación con sus jefes, la sexta casa es la sección perfecta para comprobarlo. Podrá ver si tendrá luchas de poder, si sus superiores abusarán de su tiempo y energía, o si tiene algún problema con ellos. Por ejemplo, Marte en la sexta casa puede darle suficiente energía para trabajar, pero también puede provocar tensiones con sus colegas porque le hará un poco competitivo. Una colocación en Escorpio puede provocar un ambiente caótico entre usted y sus colegas.

Sin embargo, eso no es todo lo que hay en la sexta casa. También rige a sus mascotas ya sean las suyas o las que viven a su alrededor. Puede querer a su mascota todo lo que quiera, pero el amor no basta para mantener su vida. Por eso la sexta casa representa a las mascotas. Usted cuida de ellos y ellos le dan amor y afecto a cambio.

Esta sección también representa su salud y bienestar. Puede obtener más información sobre la naturaleza de su salud a través del signo de la sexta casa y las colocaciones de los planetas en esta sección. Por lo general, querrá ver planetas que aumenten su vitalidad o le proporcionen buena suerte en lo que se refiere a su salud.

Palabra clave: Deber

Regente planetario: Mercurio

Signo: Virgo

La Séptima Casa: La casa de las relaciones

La séptima casa está regida por Venus, el planeta del amor y la belleza y Libra, un signo centrado en lo social al que le encanta amar. La séptima casa es donde se reflejan sus relaciones íntimas. Estas relaciones están representadas por el signo de la séptima casa y la colocación de cualquier planeta en esta sección de su carta natal.

Este tipo de relaciones no es lo único que representa esta casa. Su actitud hacia ellas y el tipo de personas que atrae y por las que se siente atraído también se dan en la séptima casa. Puede aprender mucho sobre su actitud hacia la intimidad y su comportamiento con sus parejas. Si no tiene ningún planeta en esa casa y desea saber más sobre su lenguaje amoroso y su forma de amar, puede estudiar su colocación de Venus y sus aspectos.

La séptima casa también alberga al descendente, o DC para abreviar. El descendente es opuesto al ascendente y representa la primera capa de su personalidad, o mejor dicho, cómo le percibe la gente. El descendente es exactamente lo contrario, ya que representa una parte profunda de usted que no todo el mundo llega a ver. Algunos astrólogos piensan que los rasgos del descendente son cualidades reprimidas dentro de usted. Otros creen que las cualidades del DC son las que usted busca en otras personas, concretamente en sus parejas.

Las dos escuelas de pensamiento podrían aplicarse a tantos niveles que usted puede interpretar su DC de cualquiera de las dos maneras. Algunos astrólogos creen que el signo DC puede mostrarle las cualidades que busca en una pareja, o más bien las cualidades hacia las que se siente atraído.

Los astrólogos también creen que la séptima casa no solo representa las relaciones íntimas. Muestra sus amistades íntimas o sus relaciones de pareja en general. Así, su mejor amigo, un socio comercial cercano o un compañero de vida están representados por sus colocaciones en la séptima casa.

Tenga en cuenta que el signo de su DC no implica necesariamente que el signo solar de su compañero de vida sea el mismo signo que el de su DC. Sin embargo, podría indicar el tipo de cualidades que encarnan. Por ejemplo, si tiene un DC de Cáncer, es posible que le atraigan las parejas cariñosas y afectuosas. Quizá quiera a alguien que cuide de usted para variar o a alguien que le haga sentir como en casa. Otras personas con CC de Capricornio podrían sentirse atraídas por parejas que les ayuden a organizar su vida y a poner en orden sus tareas. Tal vez se sientan atraídos por alguien que tenga una buena posición económica y sea consciente de su presupuesto.

Las colocaciones en la séptima casa son extremadamente importantes porque influyen mucho en sus relaciones en la vida. Por ejemplo, alguien con la colocación de Urano en la séptima casa podría sentirse atraído por personas excéntricas y amantes de la libertad. Sin embargo, esta colocación también sugiere que sus relaciones podrían terminar bruscamente o sin un motivo concreto. Otra interpretación es que el individuo podría experimentar relaciones inestables o que atrae relaciones inestables que acaban provocando el caos a su paso.

Palabra clave: Cooperación

Regente planetario: Venus

Signo: Libra

La Octava Casa: La casa de la muerte

La octava casa está regida por Plutón, el planeta de la muerte, el renacimiento y Escorpio, el signo reservado e intenso. La octava casa está vinculada a varios aspectos, pero todos están relacionados con temas plutonianos.

La octava casa viene después de la séptima, la casa de las sociedades. Esta sección de su carta natal le cuenta la historia de los felices para siempre. Le cuenta cómo será su vida después de haber compartido o fusionado su vida con otra persona. Responde a preguntas como: ¿va a ser fluida la fusión? ¿Controlará un miembro de la pareja al otro? ¿Cómo será su vida después de la unión?

Al fusionar su vida con la de su pareja, surge un nuevo usted. Compartir su energía, su tiempo y sus bienes personales le pone en diversas situaciones con su pareja que les cambian a ambos. A través de esto, el viejo usted muere y el nuevo yo, renace, lo que tiene sentido, ya que Plutón rige esta casa. Sin embargo, usted y su pareja experimentarán algunas fricciones y tensiones porque el Escorpio controlador intentará tener la sartén por el mango. Sin embargo, en las relaciones sanas no existe la superioridad y eso es lo que aprenderá con el tiempo y el crecimiento emocional.

Las colocaciones de los planetas en esta casa también son muy importantes. Un planeta puede facilitarle los temas de la octava casa, mientras que otros pueden causarle lentitud, enfado o frustración. La colocación de Neptuno puede provocar una falta de límites en la relación e ilusiones sobre quién es su pareja. También puede provocar que una persona se haga ilusiones sobre los defectos de la relación o problemas importantes en la misma. Las ideas sobre el sexo y la transformación de la identidad pueden debilitarse con ese emplazamiento, por lo que el individuo tiene que pasar por un proceso de metamorfosis para despertar y desilusionarse de la ceguera de Neptuno.

La octava casa permite resolver los acontecimientos ocurridos en la cuarta casa. La cuarta casa se asemeja principalmente a la madre, por lo que si su relación con ella fue turbulenta o vacía de amor, estos temas están destinados a reaparecer en la octava casa y le pone en riesgo de perder la relación con su pareja. El individuo tiene que pasar por un proceso de enfrentarse a antiguos miedos relativos a perder a alguien a quien ama o a perder a alguien que le ama. Esto solo puede tener dos resultados, sucumbir a estos miedos o curarse de ellos. De cualquier forma, Plutón se asegurará de que el individuo se transforme por completo durante esta fase de su vida.

La octava casa también tiene que ver con la herencia ya sea de dinero o de bienes. Por ejemplo, Júpiter en esta colocación puede influir en que le lleguen muchas riquezas a través de la herencia. También puede ayudar con los inspectores de hacienda y las deudas en general, a diferencia de la influencia de Saturno, que puede provocar la bancarrota o tener una pareja que no esté bien económicamente.

Palabra clave: Transformación

Regente planetario: Plutón

Signo: Escorpio

La Casa Novena: La casa de la filosofía

Regida por Júpiter, el planeta de la abundancia, la mente superior y Sagitario, el filósofo, la casa novena es donde usted trasciende en su carta natal. La novena casa es donde usted se hace preguntas sobre la existencia y el sentido de la vida. Al igual que la 3ª casa, la novena tiene que ver principalmente con el pensamiento. Sin embargo, la casa 3 se ocupa más de los hechos, mientras que la casa 9 se ocupa de las ideas abstractas.

Para explicarlo mejor, la casa IX tiene que ver con la mente superior. Puede que entienda las cosas en la tercera casa, pero que formule una opinión definitiva sobre ellas en la novena.

Esta sección trata de la búsqueda de sentido. La novena casa alimenta la necesidad de comprender el significado que hay detrás de las luchas de la vida, por qué está usted aquí y otras cuestiones existenciales.

Por eso esta parte está relacionada con Dios, o más bien con la idea de Dios y la religión en general. No tiene mucho que ver con la fe, tanto como con la búsqueda del conocimiento de las cosas que están más allá de nuestra comprensión como seres humanos.

La novena casa también puede revelarle a qué tipo de Dios rezaría o qué religión seguiría. También puede mostrarle la naturaleza de su espiritualidad. Quizá sea usted una persona que no cree en un poder superior. O quizá sí, pero no quiere seguir necesariamente una fe específica. Si estas áreas son un misterio para usted, quizá sea el momento de que compruebe las colocaciones de su novena casa.

Esta parte también tiene que ver con los viajes, las culturas extranjeras y las personas. La conexión aquí es sencilla. A medida que eleva su mente y accede a su mente superior, puede elevarse físicamente y entrar en un mundo completamente nuevo con reglas y normas diferentes a las suyas.

Viajar aquí funciona a dos niveles, tanto literal como figurativamente. Una colocación de Júpiter aquí puede hacerle viajar a muchos lugares, pero también puede ponerle en situaciones en las que viaje con su mente o espíritu. Esto podría ocurrir a través de la meditación o de cualquier forma de experiencia espiritual.

La novena casa tiene que ver con la curiosidad y los estímulos mentales. La colocación de cualquier planeta aquí es importante. Por ejemplo, si tiene a Marte en la novena casa, usted es directo con su comunicación, especialmente en los desacuerdos. También significa que necesita estímulos mentales en su vida diaria. De lo contrario, el aburrimiento se apodera de usted.

Si tiene a Venus en esta zona, significa que le atraen las personas que pueden hablar con usted de las cosas más abstractas de la vida. Es más probable que le interesen las personas que piensan filosóficamente y no tienen miedo de hacer preguntas y examinar la realidad que hay detrás de todo lo que les han enseñado.

La colocación de Venus aquí es bastante optimista. Las personas con esta colocación creen que todo lo que les ocurre es, en última instancia, por un bien mayor. Sin embargo, Saturno en la novena casa puede hacer que un individuo tenga dificultades para ver el significado detrás de los acontecimientos de la vida. También pueden creer que la vida es absurda y que no hay nada en juego.

Palabra clave: Ambición

Planeta regente: Júpiter

Signo: Sagitario

La Casa Décima: La casa del estatus social

El Medium Coeli, también denominado Medio Cielo o MC, está situado en la cúspide de la casa X. Esta es la cúspide de su carta natal. Cualquier colocación planetaria destaca aquí en comparación con las demás. Esta es la energía que más exuda, la gente le ve como esta energía y es idealmente como a usted le gustaría que le vieran.

Por ejemplo, si tiene a Urano en esta posición, puede que sea inventivo y original. La gente se dará cuenta de ello y verá que usted marcha al ritmo de su propio tambor y al mismo tiempo, a usted le gusta que le vean como tal.

Para comprender el MC, preste atención a su relación con el IC. Están situados uno frente al otro y reflejan lados o partes diferentes de su vida. Mientras que el IC refleja sus raíces, su hogar, su vida emocional invisible, su energía y su pasado, el MC refleja el punto más alto que alcanzará, su carrera, su energía visible y su futuro.

La décima casa está co-regida por Saturno y Capricornio. Naturalmente, esta casa está asociada a su trayectoria profesional junto con la disciplina y la dedicación para alcanzar sus deseos profesionales. Las colocaciones de signos y planetas en esta casa pueden revelar la naturaleza de su trabajo y el enfoque que tiene respecto a su carrera.

Para explicarlo mejor, imagine una colocación de Marte que muestre que usted tendrá mucho empuje y energía mientras persigue su trabajo o campo. Esta colocación también puede mostrar que usted puede ser bastante agresivo en su vida profesional.

Si tiene un emplazamiento de Saturno aquí, es posible que sea muy estricto con las normas o que haga las cosas según las reglas. También sugiere que llegará puntual al trabajo y que tiene las cualidades de un empleado ideal. También podría mostrar que usted espera que todo el mundo haga lo mismo en el lugar de trabajo. La gente que no se atiene a las normas o que hace las cosas a su manera puede ponerle de los nervios. Puede tener una visión limitada de cómo deben realizar las tareas sus empleados o compañeros. Cualquier estilo alternativo que difiera del suyo se considerará inadecuado o poco profesional.

Las colocaciones aquí pueden indicar el tipo de energía que usted exuda y que la gente capta. Por ejemplo, los colocados en Cáncer podrían presentarse como cuidadosos o afectuosos y la gente los verá así. Neptuno podría ser el individuo soñador y perdido que es el mártir o la víctima de los demás.

Si siente curiosidad por su vida profesional y la energía que presenta al mundo, quizá desee estudiar sus colocaciones en la décima casa. También puede comprobar los aspectos que tiene allí y si no tiene ninguno, entonces compruebe el signo que se encuentra en la cúspide de su MC.

Palabra clave: Carrera

Planeta regente: Saturno

Signo: Capricornio

La Casa Undécima: La casa de las amistades

La undécima casa está co-regida por Saturno y Urano. Esto hace que esta sección de la carta natal se fije en las relaciones más allá de nosotros. Esta zona refleja su comunidad ya sea un grupo religioso, espiritual, político o social. Esta sección también refleja nuestra dinámica en dicha comunidad. Muestra el papel que desempeñamos de forma natural y puede revelar las personas o comunidades hacia las que nos sentimos atraídos.

Según los astrólogos, los efectos de Saturno y Urano dan tonos diferentes a esta casa. Lo interesante aquí es que ambos planetas aportan energías diferentes que a veces pueden chocar. Por ejemplo, Saturno puede querer la exclusión. No se siente cómodo con nuevos miembros en el grupo ni con cambios en la dinámica del grupo. Por otro lado, Urano está abierto a todo el mundo y se siente cómodo probando cosas nuevas o cambiando de las viejas costumbres a las nuevas.

Saturno en la undécima casa puede estar demasiado preocupado por los grupos diferentes a él. Por ejemplo, aquí Saturno podría estar preocupado por los inmigrantes de su país o por los nuevos vecinos de su ciudad. Compruebe si tiene este planeta allí y estudie sus colocaciones. Recuerde que solo le inspirará preocupación. Sin embargo, aún puede acercarse al grupo diverso del que está rodeado, canalizando más energía de Urano y Acuario asociada a esta casa.

Esta casa da prioridad a las causas humanitarias y a la innovación y está muy afectada por la energía de Acuario. Este signo se fija principalmente en la justicia para la humanidad, la armonía, el equilibrio entre todos los grupos sociales, la apertura y la voluntad de desprenderse de las viejas costumbres y la disposición para un mañana mejor.

Para saber más sobre su posición en todo esto, compruebe el tipo de colocaciones que tiene. Estudie su signo de la undécima casa y los planetas con todas sus características, si tiene alguno allí. He aquí cómo puede interpretar sus colocaciones. Si tiene la Luna allí, es posible que se sienta más cómodo con personas similares a usted. Similares aquí significa que comparten las mismas creencias y filosofías. También estará emocionalmente conectado con las causas en las que participe.

Una colocación de Venus aquí puede funcionar a dos niveles. En lo que respecta a su vida social, Venus le dotará de inteligencia social; estará muy lejos de ser un inepto social. Apreciará estar en una dinámica de grupo y la gente gravitará naturalmente hacia usted. En cuanto a las relaciones, podrá aprender sobre el tipo de relaciones en las que le gusta estar. Aquí Venus puede sentirse atraído por la originalidad y la excentricidad, reflejando la energía de Acuario.

Recuerde que cualquier planeta puede estar afligido, por lo que su energía venusina en la undécima casa puede afectarle tanto de forma beneficiosa como desventajosa. Compruebe los aspectos que Venus tiene aquí con otros planetas. Si no tiene aspectos difíciles, puede considerar que este emplazamiento es beneficioso.

Palabra clave: Conciencia social

Corregentes planetarios: Urano y Saturno

Signo: Acuario

La Casa Duodécima: La casa de los finales

La duodécima casa es una de las más profundas y misteriosas de la carta natal. Esta sección rige lo desconocido como concepto, como todo lo que es secreto o ha estado encerrado en su cerebro o las cosas que están bajo la superficie. Esto incluye cosas como sus debilidades y fortalezas ocultas. Como Neptuno y Piscis también rigen su subconsciente, también está regido por esta casa. Su subconsciente es poderoso, sobre todo porque ha almacenado información que usted ha olvidado durante mucho tiempo desde que nació. Usted actúa basándose en lo que su subconsciente considera seguro, por lo que a menudo se mete en problemas en amistades y relaciones.

Lo bueno de esta casa es que le da pistas y le revela lo que ocurre en su subconsciente. Estudiar esta parte de su carta natal puede ayudarle con cuestiones psicológicas de las que no es consciente. Si tiene alguna colocación de planetas en esta casa, entonces debe estudiar sus aspectos. Los aspectos de la duodécima casa pueden revelarle mucho sobre sus pensamientos subconscientes y puede comenzar su viaje de curación a partir de ahí.

La duodécima casa también se conoce como la casa del karma. Aquí es donde se almacena su deuda kármica. Una vez revelada su deuda kármica, podrá conocer su experiencia de vidas pasadas y el tipo de deudas que necesita saldar durante esta vida.

Cuando los astrólogos hablan de la duodécima casa, siempre mencionan el concepto de unidad. Aquí es donde muere su ego y usted vuelve a ser uno con el todo. Por ejemplo, si tiene una colocación de Mercurio, puede que actúe como portavoz de su comunidad. Usted habla por ellos o les guía de alguna manera. Si tiene una colocación de Marte, puede que luche las batallas de su gente, exprese su furia o actúe en consecuencia.

También puede relacionar su signo y planeta de la casa doce e interpretarlos juntos para comprenderlos mejor. Por ejemplo, si tiene Libra y Marte, estará luchando por la justicia. Si tiene Libra y Mercurio, hablará en favor de la justicia.

Esta sección de su carta natal también se asemeja en el fondo a instituciones como hospitales y prisiones. Instituciones que mantienen a la gente alejada del resto de la sociedad. La duodécima casa se ocupa de asuntos secretos y clandestinos, por lo que, naturalmente, rige lugares que separan a la gente de la comunidad.

No todo el mundo tiene planetas en su signo duodécimo, así que no se alarme si no tiene ninguno. Para comprender mejor su casa duodécima en términos de su subconsciente y otros temas relacionados, compruebe las colocaciones de Neptuno y Piscis en su carta. Asimismo, compruebe el signo que se encuentra en la cúspide de su duodécima e interprételo para comprender mejor las partes ocultas de usted mismo.

Palabra clave: Subconsciente
Planeta regente: Neptuno
Signo: Piscis

Capítulo 5: Los principales aspectos planetarios

Una carta natal es un círculo dividido en doce casas y doce planetas. Los planetas ocupan el espacio en función de la hora de nacimiento. Hay dos cuerpos luminosos, ocho planetas mayores y un planeta menor distribuidos entre las doce secciones de su carta natal. Así pues, son once cuerpos alrededor de otro en un círculo. Con este tipo de distribución, los cuerpos están destinados a crear ángulos, que es lo que los astrólogos llaman aspectos.

Hay cinco aspectos principales divididos en dos categorías, aspectos suaves y duros. La conjunción, el sextil y el trígono se consideran aspectos suaves, mientras que la cuadratura y la oposición se conocen como aspectos duros.

Al final de cada aspecto, encontrará un ejercicio diseñado para poner a prueba sus conocimientos y su comprensión de la función de cada aspecto.

Conjunción ☌

La conjunción se produce cuando dos planetas se encuentran a ocho grados de distancia. Se considera uno de los aspectos más fuertes de la Astrología. Cuando dos planetas están tan próximos, sus poderes se mezclan y crean una especie de híbrido. También potencian la influencia del otro, sobre todo si sus poderes son armoniosos.

Por ejemplo, si se da una conjunción entre la Luna y Venus, como ambos cuerpos concentran energía femenina, el resultado será un alto poder femenino. Puede esperar emociones armoniosas, un poderoso amor por la belleza y una elevada intuición de este aspecto.

Muhammad Ali tiene Marte en conjunción con MC. Según este aspecto, Ali tenía un poderoso impulso y determinación para hacer todo a su propio estilo. También se identificaba mucho con sus objetivos y se enfadaba y frustraba cuando alguien intentaba detenerle.

Ejercicio:

Indique el grado del aspecto y su influencia:

1. El Sol en conjunción con Júpiter.
2. Mercurio hace conjunción a Marte.

Sextil ✳

Otro aspecto suave es un sextil. Los astrólogos tradicionales dicen que un sextil se produce cuando dos planetas se encuentran a 60 grados de distancia. Otros astrólogos añaden o restan 3 grados a los 60 originales. Cualquiera de las dos formas es correcta.

Un sextil es un aspecto armonioso fuerte. Los aspectos armoniosos suelen eliminar las cualidades más duras de un planeta y combinar los rasgos positivos.

Para entenderlo mejor, imagine que su Venus está en Sextil Mercurio. Esto significa que usted tiene unas habilidades sociales brillantes y que le encanta la armonía y el equilibrio dentro de la dinámica de grupo. También significa que es usted encantadora y que sabe cómo hablar para salir airosa de situaciones desagradables.

Tome como ejemplo a Nina Simone. Su Venus está en sextil con Urano. Esto significa que disfrutaba de relaciones espontáneas que se basaban en la creatividad. Basándose en el efecto de Urano, sus relaciones podrían haber sido percibidas como raras o diferentes, pero a la señorita Simone esto no le importaba.

Ejercicio:

Indique el grado del aspecto y su influencia:

1. Luna sextil Sol.
2. Neptuno sextil AC.

Trígono △

El trígono es el último aspecto suave que evoca una relación armoniosa entre planetas. Este aspecto se produce cuando dos planetas se encuentran a 120 grados de distancia. Algunos astrólogos son rígidos con ese grado, mientras que otros le añaden o le restan 6 grados y siguen considerándolo un trígono.

Por ejemplo, alguien con el Sol en trígono con Saturno es una persona cuya identidad se basa en ser responsable, dedicada y fiable. También son leales y generosos en las relaciones y esperan las mismas cualidades a cambio. Este aspecto también sugiere que el padre de esta persona le enseñó a rendir cuentas y la importancia de ser responsable.

Ahora bien, ¿qué ha ocurrido aquí? El trígono anuló los rasgos egocéntricos del Sol y las duras lecciones de Saturno e integró las características más positivas de los dos cuerpos, creando un aspecto suave.

Otro excelente ejemplo de esto es Freddy Mercury, cuya luna está en trígono con Mercurio. Mercurio tenía una voz relajante que a la gente le encantaba escuchar gracias a este aspecto. También necesitaba una pareja excéntrica que pudiera estimular su mente con una comunicación auténtica.

Ejercicio:

Indique el grado del aspecto y su influencia:
1. Marte trígono Júpiter.
2. Sol trígono Urano.

Cuadratura □

Un cuadrado es un aspecto duro y se produce cuando hay 90 grados entre dos planetas. Este aspecto crea tensión y conlleva retos que la persona debe afrontar.

Dependiendo de las colocaciones de los planetas y de qué dos estén en cuadratura, estos desafíos pueden ser internos o externos, o incluso a veces ambos.

Para comprender mejor este aspecto, imagínese a alguien con la luna en cuadratura con mercurio. Esta persona tendrá dificultades para expresarse emocionalmente. Al principio podrían ser inarticulados o sentir que no pueden hablar de sus emociones. Ahora bien, este desafío es principalmente interno. Aunque, gradualmente, creará tensiones entre ellos y sus seres queridos porque la gente que rodea a esta persona se sentirá excluida o que no se confía en ella lo suficiente.

La carta de Ted Bundy muestra a Plutón en Leo cuadrado con Venus y Mercurio en Escorpio. Esto implica que sus relaciones llevaban una fuerte energía plutoniana y que su mente y su habla estaban fuertemente afectadas por la influencia maléfica de Plutón. Aquí Plutón provoca la muerte, tanto literal como figuradamente y promueve el secreto y la mentira.

Ejercicio:

Indique el grado del aspecto y su influencia:

1. Sol cuadrado, Neptuno.
2. Marte cuadrado IC.

Oposición

La oposición también se considera un aspecto duro, ya que se produce cuando los planetas se encuentran a 180 grados de distancia. Este aspecto crea polaridad, lo que provoca decepciones, tensión y frustración.

Por ejemplo, Marte, en oposición a Venus, crea una vida amorosa apasionada con un sexo increíble, pero también provoca relaciones intensas y peleas tormentosas. Este tipo de amor dramático puede acabar agotando a la persona, que tendrá que lidiar con las violentas turbulencias de su vida amorosa.

Diana, princesa de Gales, tiene a Marte en oposición a la Luna. Esto significa que sus emociones internas estaban en constante polaridad con su impulso. A menudo dejaba de lado sus sentimientos para proteger a las personas que amaba o para completar sus objetivos. También tenía una gran necesidad de crear un espacio seguro para sí misma porque se sentía profundamente vulnerable y desprotegida emocionalmente.

Ejercicio:

Indique el grado del aspecto y su influencia:

1. Mercurio opuesto a Neptuno.
2. Venus opuesto a Plutón.

Capítulo 6: Comprender las progresiones astrológicas

La carta natal normal describe su personalidad y las circunstancias en las que nació. Explica por qué se comporta y piensa de la forma en que lo hace. Le dice en qué áreas destaca y las partes que necesitan un trabajo interior. Le muestra todo aquello con lo que nació y cómo su infancia le afectó e influyó en el moldeado de su personalidad.

Este tipo de carta natal no está diseñada para mostrarle cómo ha progresado ni para hacer un seguimiento de su crecimiento. Para eso necesita otro tipo de carta natal y, afortunadamente, existe una. Este tipo de carta natal se denomina "carta de progresión" y está diseñada para informarle de su desarrollo personal y de cómo su mente, personalidad y circunstancias vitales se irán transformando con el paso de los años.

La carta de progresión se divide en progresión secundaria y dirección del arco solar. La progresión secundaria es cuando el día se convierte en un año en la carta. Esto significa que un grado se asemejará a un día que dura un año. Los astrólogos utilizan este tipo de carta para ver más profundamente el movimiento de los planetas y comprender cómo le está afectando en la actualidad.

Un grado se asemeja a un año en la carta del Arco Solar en lugar de a un día. A través de esta carta, puede ver los cambios en los próximos 30 años o más. Puede ver cómo se mueven los planetas y el tipo de efectos que experimentará según sus colocaciones y los aspectos que crean.

Aunque ambas cartas se calculan de forma diferente y se utilizan para diversos fines, los movimientos de los planetas se calculan de la misma manera. En la carta natal tradicional, la Luna tarda 27 ½ días en completar su viaje alrededor de la carta. Sin embargo, en una carta progresada, la Luna tardará 27 ½ años en completar un viaje completo.

En este capítulo, los planetas se dividen en dos secciones: los planetas interiores y los planetas exteriores. Los planetas interiores se mueven relativamente más rápido que los exteriores. Es más probable que experimente una progresión de los planetas interiores en su vida que una progresión de los planetas exteriores.

Planetas interiores

El Sol

El Sol tarda 365 días en completar un viaje completo, lo que significa que pasa 30 días en un signo. Sin embargo, en una carta progresada, el Sol tarda 30 años en pasar de un signo a otro. Imaginemos que la esperanza de vida media de los seres humanos es de unos 90 años. Esto significa que las personas experimentarán tres signos solares diferentes a lo largo de su vida. Entonces, ¿qué significa esto? Esto rompe la narrativa de que su signo del zodiaco está estancado y nunca cambiará. Las personas se desarrollan, crecen y cambian, y este tipo de transformaciones se reflejan cuando el Sol, la identidad y el ego entran en un nuevo signo. Sin embargo, en realidad nunca pierde los rasgos de su Sol natal, sino que adquiere rasgos de identidad diferentes cuando su Sol progresado ha entrado en un nuevo signo.

La Luna

Una Luna progresada afectará al entorno emocional del signo
https://commons.wikimedia.org/wiki/File:FullMoon2010.jpg Gregory H. Revera, CC BY-SA 3.0 <https://creativecommons.org/licenses/by-sa/3.0>, vía Wikimedia Commons

La Luna progresada pasará 2 ½ años en un signo. Durante estos años, su entorno emocional interno se verá afectado por el signo en el que se encuentre. Los astrólogos sugieren que sería mejor que la gente llevara un seguimiento de su Luna progresada y de cómo reacciona con su Luna natal. También sería mejor comprobar dónde cae y se exalta la Luna porque esto tendrá un gran impacto en sus emociones. Si hay un periodo en el que le resulta difícil sentir sus sentimientos o en general no está en sintonía con sus emociones, quizá quiera comprobar si la Luna está en Escorpio, ya que cuando la Luna cae en ese signo, no funciona tan bien como debería.

Mercurio

El Mercurio progresado es a menudo difícil de calcular, ya que pasa por retrógrados tres o cuatro veces al año. Por lo tanto, no es fácil hacer un seguimiento de cuántos años permanece en un signo. Este planeta es tristemente famoso por sus frecuentes retrógrados, un fenómeno en el que el planeta retrocede. Esto es algo desastroso porque tiene un poder increíble que afecta a la comunicación, el transporte y todo lo relacionado con la tecnología.

Para tomar precauciones, la gente suele prepararse antes de un retrógrado de Mercurio, por lo que se mantiene alerta en lo que se refiere al trabajo, los correos electrónicos y los coches. Por supuesto, si sufre algún ataque ocasional de "obnubilación", podría ser cosa del retrógrado.

Como consecuencia del retrógrado de Mercurio, su tiempo de tránsito se ve afectado y puede pasar entre 14 y 60 días en un signo. Eso puede parecer un poco impredecible. Sin embargo, siempre puede contar con el hecho de que nunca estará a más de dos signos del sol.

Basándose en esto, quizá quiera comprobar si su Mercurio Progresado se ha movido cada año. Cuando lo haga, estará recibiendo astrológicamente un nuevo cerebro. Descubrirá que piensa de forma diferente, que tiene una nueva perspectiva de la vida y una forma distinta de comunicarse.

Venus

La progresión de Venus cambiará un poco su vida social. Si está acostumbrado a una dinámica de grupo particular o tiene un método de socialización específico, puede esperar que cambie cuando su Venus esté en progresión.

Imagine a un Venus en Géminis progresando hacia Cáncer. Venus en progresión en Cáncer hará que el individuo se sienta cansado de socializar como lo hace un Géminis y necesitará más tiempo a solas. Esto no significa que se vuelvan introvertidos. Sin embargo, se sentirán más cómodos pasando tiempo consigo mismos y lo necesitan más que nada. En cuanto a su vida amorosa, sentirán que son más cariñosos y afectuosos y quizá se enamoren de alguien con características cancerianas.

En cuanto al retroceso de Venus, retrocede durante 42 días. Una vez que sea consciente del efecto de Venus en su vida, se dará cuenta automáticamente de cuándo está retrógrado, lo que suele ocurrir cada 18 meses. Durante esta época del año, nuestra relación con el dinero cambia. Reevaluamos cómo lo utilizamos o lo gastamos sin precaución.

Es posible que vuelva a encontrarse con viejos amantes. También podría notar un impulso repentino de enviar mensajes de texto a un ex o de ver cómo está. Esto no es necesariamente algo malo. Sin embargo, tenga en cuenta que tomar decisiones emocionales durante un Venus retrógrado puede ser brumoso y podría meterle en problemas más adelante.

Marte

Dependiendo de su colocación, Marte progresado promete nuevas oportunidades y comienzos. Durante la nueva era de su Marte, podría sentir cómo surge una nueva energía en su interior. Digamos que su Marte se encuentra en el último grado en Cáncer y se dirige hacia Leo. Una vez que se desplace hacia allí, se sentirá con más energía y sentirá que puede lograr más cosas que cuando el planeta estaba en Cáncer. Su vida sexual también puede verse afectada por esta transición. No se sabe cómo será, así que compruebe la colocación y los aspectos que tiene con su Marte natal.

El planeta retrograda cada 26 meses. Durante este tiempo, las personas suelen sentirse apagadas y pueden reprimir la ira. Por lo general, la motivación es baja y es como si uno careciera de energía e interés para hacer cualquier cosa.

Planetas exteriores

Júpiter

Júpiter progresado puede darle un lote de nueva suerte en un nuevo ámbito de la vida. Se expandirá sea cual sea el signo y la casa a la que haya viajado. Digamos que su Júpiter natal se encuentra en los últimos grados de la sexta casa y su Júpiter progresado se dirige a la séptima. Su suerte pasará de estar centrada en el trabajo a las relaciones y las asociaciones.

Dicho esto, tendrá mejor suerte en lo que respecta a sus relaciones. Lo único que quizá deba vigilar es la indulgencia de este planeta. Júpiter maximiza las casas y signos en los que se encuentra y retrograda una vez al año. Por lo tanto, podría sentir el impulso de mimarse en exceso.

Los efectos del retrógrado giran en torno al comportamiento forzado y los esfuerzos no recompensados. Es posible que sienta que sus esfuerzos no han merecido la pena o que lleva un tiempo experimentando una racha de mala suerte. Es posible que experimente dificultades para viajar, bajones espirituales y que sienta que no puede aprender nada nuevo.

Por desgracia, algunas personas encuentran que su cuerpo está afligido durante esta fase. Júpiter rige los muslos, la sangre, las arterias, los pies y las caderas. Esto no quiere decir que el cuerpo vaya a sufrir durante cada retrógrado. Esto solo ocurrirá si el retrógrado de Júpiter se mezcla con un aspecto duro que pueda causar dolor o molestias en las partes del cuerpo antes mencionadas.

La buena noticia es que Júpiter tarda unos cuatro meses en volver a su movimiento normal. Así que, aunque los efectos pueden ser algo molestos, conviene recordar que esta etapa es solo temporal.

Saturno

Saturno progresado es otro planeta de movimiento lento que puede moverse o no en su carta. Sin embargo, si lo hace, experimentará nuevas lecciones vitales. Estas lecciones podrían provenir de restricciones sin precedentes en una de las áreas de su vida, pero Saturno siempre tiene una razón. Si este planeta se mueve, debe prestar atención a lo que Saturno intenta enseñarle. Puede que los efectos no sean agradables, pero son necesarios y una vez que haya aprendido las lecciones, apenas sentirá ya los efectos.

Por ejemplo, Saturno progresado pasa del ardiente Aries al terrenal Tauro. Descubrirá que ya no le ponen en situaciones en las que necesita mantener la calma, sino que empezará a tener problemas financieros. Estos problemas tienen que ver con sentirse inseguro financieramente durante esta fase.

Cuando Saturno le quita algo o le pone en situaciones difíciles, está intentando enseñarle cómo crear estas cosas por sí mismo o lograr el autodominio para que la vida no sea tan desafiante como antes.

Este planeta también se conoce como el "planeta del karma", por lo que se considera que su karma se reequilibra cuando retrograda. Esto puede ser para bien o para mal. Depende completamente de usted.

Durante esta fase, es posible que experimente ansiedad por el cambio de trayectoria profesional, la seguridad financiera y las responsabilidades. También podría encontrarse reflexionando sobre sus relaciones. Los efectos de los retrógrados no pueden generalizarse porque dependen del planeta y de la casa en la que se encuentre.

Urano

Urano progresado podría provocar cambios repentinos en su vida y cerrar ciertos capítulos. Esto puede ocurrir de repente y puede alarmarle al principio, pero Urano provoca cambios tanto si son convenientes como si no. Urano se mueve muy lentamente, por lo que no hay de qué preocuparse si odia el cambio. Sin embargo, si este planeta se encuentra en los grados finales de un signo, entonces puede que quiera estar atento. Por ejemplo, si Urano está saliendo de Géminis y entrando en Cáncer, es posible que salga de casa, viaje o se aleje de su hogar ya sean personas o el propio lugar físico.

Retrograda una vez al año y esta fase dura aproximadamente cinco meses. Es posible que durante este tiempo experimente el impulso repentino de liberarse de cualquier cosa que le mantenga en su sitio. Puede que sienta que quiere deshacerse de cualquier cosa que le cause infelicidad. Si se siente atrapado en una relación, no puede comunicarse con su familia o no soporta su trabajo, podría abandonarlos durante un retrógrado. También podría sentirse extra rebelde y querrá hablar en contra de las injusticias o rebelarse contra algún tipo de sistema.

Neptuno

Neptuno progresado podría nublar su juicio o su memoria en función de su ubicación. Si Neptuno está en Piscis o Cáncer, podría hacer que desee estar cerca del agua. También podría revelar cosas de su subconsciente o recordar repentinamente cosas olvidadas hace tiempo. Con este planeta, quizá quiera comprobar sus aspectos porque Neptuno es tramposo y puede influir en esta fase de su vida en una dirección totalmente nueva.

Neptuno retrograda una vez al año y dura cinco o seis meses. Es bastante común que la gente experimente desilusión durante un retrógrado de Neptuno. La niebla que ha estado habitando su mente y sus ojos se disipará por fin y podrá ver las cosas como realmente son. Aquí es donde puede experimentar un despertar, o puede que descubra algo que le cause dolor. Sin embargo, sea cual sea su situación, intente recordar que es mejor conocer la verdad que consolarse con el engaño.

Plutón

Plutón progresado es un poco peligroso. Este planeta tiene que ver con la transformación. Sin embargo, la transformación de Plutón se produce después de pasar por una época difícil. Los temas que siguen a este planeta son la dinámica del poder, el sexo, el subconsciente, la muerte, el renacimiento y la regeneración. Por lo tanto, cuando este planeta entra en un signo diferente, puede anticipar el tipo de transformaciones por las que va a pasar. Puede prever las situaciones problemáticas en las que podría acabar. Recuerde comprobar sus aspectos de Plutón Progresado con los demás planetas.

Imagínese a su Plutón Progresado saliendo de Leo y entrando en Virgo para entenderlo mejor. Esto le indica que todo lo que rodea a su ética laboral, su carrera, su servicio y su forma de ayudar a los demás está a punto de cambiar. Puede saber si es para mejor o para peor comprobando sus aspectos con sus planetas natales, tránsitos y otros planetas progresados.

Plutón retrograda durante cinco meses una vez al año. Durante este tiempo, las personas atraviesan emociones difíciles. Tendrá la sensación de que hay mucho que descubrir, sobre todo si las cosas se han mantenido en la oscuridad. El retrógrado saca a la luz secretos, agudiza emociones difíciles y pone de relieve áreas problemáticas en la vida de un individuo.

Quirón

Quirón es otro planeta menor de movimiento lento, lo que significa que tardará muchos años en cruzar a otro signo. Sin embargo, si su Quirón se encuentra en el grado 29, no tardará mucho en pasar a otro signo.

Quirón progresado le ofrece una nueva forma de curar sus heridas. Puede iluminar un nuevo camino que nunca ha explorado. También puede sacar a la luz una herida diferente de la que no era consciente.

Quirón retrograda durante cuatro o cinco meses al año. La retrogradación de Quirón trae consigo la introspección, el aislamiento y la autorreflexión. Es ahí cuando quiere aislarle, pero le proporciona un tiempo muy necesario para estar consigo mismo y atiende a sus necesidades emocionales.

Capítulo 7: Tránsitos de planetas exteriores

Los planetas se mueven a diferentes velocidades, algunos orbitan alrededor del sol más rápido que otros. En Astrología, los planetas se dividen en dos secciones según su ritmo. En este capítulo, aprenderá sobre los planetas exteriores. Estos planetas han obtenido esta etiqueta debido a su ritmo significativamente más lento.

Puede que esté pensando, ¿por qué debería preocuparse por la velocidad de los planetas si no cambian sus colocaciones en las cartas natales?

Tiene razón; sus planetas no cambian de colocación en su carta natal. Sin embargo, cuando compruebe sus tránsitos, descubrirá que cambian constantemente de signo, casa y aspecto.

Cuando comprueba sus tránsitos, ve cómo se mueven los planetas en la vida real y cómo interactúan con sus planetas natales. Estos tránsitos afectan a su vida cotidiana; pueden influir en su estado de ánimo y en su experiencia de ciertos acontecimientos vitales.

Júpiter

Júpiter en tránsito pasa aproximadamente 1 año en un signo, lo que significa que tarda 12 años en volver a su colocación natal. Al viajar por los signos, este planeta está destinado a crear algunos aspectos. Estos aspectos suelen durar unas tres semanas más o menos.

Júpiter es conocido por traer buena fortuna, por lo que la gente suele esperar acontecimientos vitales emocionantes durante su estancia en cualquiera de los signos. Este planeta promete expansión, nuevas oportunidades y experiencias de viaje. La fortuna con la que será bendecido puede diferir en cada ocasión debido a los distintos signos y casas en los que aterrizará. Por lo general, este planeta propicia acontecimientos afortunados, pero no siempre es así.

Varios factores dictan lo que Júpiter le va a deparar. No es tan sencillo como estudiar su influencia bajo uno de los signos. También hay que fijarse en el signo, la casa, los aspectos de los planetas natales y en tránsito y la naturaleza del tránsito. Algunos tránsitos son solo tránsitos, simple y llanamente. Pero a veces, el tránsito es un retorno de Júpiter o incluso un retrógrado.

Un retrógrado de Júpiter es cuando el planeta retrocede cada nueve meses y permanece en esta fase durante cuatro meses. Un retorno de Júpiter es cuando el planeta vuelve a su emplazamiento natal. Cuando experimente este fenómeno, puede prepararse para una nueva aventura. Esta colocación significa que está a punto de embarcarse en un nuevo capítulo de su vida. Júpiter pasará página para usted y, al crear aspectos como la cuadratura y la oposición, le planteará algunos retos. Estos retos están diseñados para que usted pueda crecer y convertirse en la persona que Júpiter ha estado manifestando.

Saturno

Saturno tarda 29 años y medio en volver a su emplazamiento original, lo que significa que pasa dos años y medio en un signo. Este planeta es significativamente pesado, por lo que seguramente sentirá su influencia cada vez que se mueva.

Hay signos reveladores cada vez que el planeta transita a un signo diferente. Puede que se sienta agotado o que le falte energía para hacer cualquier cosa. También puede sentir que no reacciona emocionalmente, que nada es lo bastante excitante o que todo le parece soso, sobre todo si el planeta ha creado aspectos con otros planetas. Normalmente, estos aspectos, buenos o malos, duran seis semanas. Por supuesto, si estos aspectos se crean con el sol o la luna, no durarán tanto.

Comprender lo que Saturno quiere de usted le ayudará a vivir las dificultades. Este planeta quiere responsabilidad, dedicación y un sentido de seriedad hacia usted mismo, su carrera, sus relaciones y su trayectoria vital.

Podría sentirse excepcionalmente frustrado, agotado y cansado durante estos tránsitos. Una de las cosas que podrían ayudarle es saber que el planeta está intentando crear las atrocidades que le obligarán a ponerse las pilas en su vida.

Existe la idea errónea de que Saturno solo se ocupa de la vida profesional, pero eso no podría estar más lejos de la realidad. Su Saturno natal le revelará con qué está más preocupado. Comprender eso le ayudará a entender los tránsitos del planeta y los aspectos que crea. Con el tiempo, comprenderá lo que se le pide y hacia dónde debe canalizar su energía.

Responder a las llamadas de Saturno es muy importante porque cada retorno de Saturno le pondrá a prueba. Como ya se ha mencionado, el retorno de Saturno se produce cada 3 años. Por lo tanto, cumplir con las llamadas de Saturno le ayudará enormemente cuando Saturno regrese a su posición natal.

Urano

Cuando está en tránsito, el planeta permanece en un signo durante unos 7 años. Urano es uno de los planetas más fuertes, tanto que puede sacudir toda su vida. No es raro que los tránsitos de este planeta le desorienten por completo y desorganicen su vida.

Nunca puede malinterpretar los tránsitos uranianos. Cada vez que viaja a un signo diferente, es posible que sienta un profundo deseo de salir de ciertas situaciones, ser alguien diferente o simplemente rebelarse. Esto podría crear cierta tensión y frustración en su interior, no luche contra ello ni lo ignore.

Cuando experimenta un tránsito uraniano, se le está pidiendo que cambie. Sin embargo, a veces el planeta no espera a que usted haga un movimiento y le obliga a entrar en la situación. Aquí es donde se le pide que improvise y saque lo mejor de la situación.

Las situaciones uranianas no siempre son fáciles o divertidas de afrontar, pero crean un entorno en el que por fin podrá brillar. Estas situaciones pueden parecerle salidas de la nada o que no le convienen, pero eso no podría estar más lejos de la realidad.

Este planeta representa el lado de usted que quiere romper con la tradición, ansía la libertad y se esfuerza por innovar. Usted tiene un lado rebelde que Urano iluminará. Aunque crea que no tiene estas cualidades en su interior, las tiene, pero los aspectos y tránsitos uranianos podrían no hacer más que activarlas.

Hablando de aspectos, los aspectos de este planeta son efectivos durante tres meses y disminuyen una vez finalizado ese periodo. Urano crea una oposición alrededor de los 42 años. Suele tratarse de la fase de "crisis de los cuarenta" que atraviesan los seres humanos. Si desea saber más sobre este tema, compruebe sus tránsitos de Urano para cuando tenga 42 años y compruebe su aspecto de oposición.

A través de este tránsito, podrá saber más sobre su crisis de los cuarenta y cómo será. ¿De qué se separará y de qué manera? Es normal anticiparse a este periodo, por lo que consultar su carta natal puede aliviar sus preocupaciones.

Otra cosa a tener en cuenta es que el planeta no quiere romper su vida sin motivo. Usted debe pasar por esta experiencia para crecer plenamente.

Neptuno

Neptuno cambia de signo cada 14 años y el tipo de aspectos que crea duran unos dos años. Los tránsitos neptunianos pueden sentirse como si una ola acabara de golpearle, o pueden ser muy sutiles. Si está atravesando un tránsito fuerte, usted tal y como se conoce e incluso su vida entera podría cambiar drásticamente.

Este planeta está fuertemente ligado a la conciencia y las experiencias espirituales. Algunas personas empiezan a cuestionar sus creencias y se quedan en el limbo. Ya no están seguras de en qué o en quién creer y sienten como si lo inquebrantable se les hubiera escapado.

Otros experimentan un despertar espiritual por primera vez en su vida. Empiezan a considerar su lugar en el mundo de forma diferente y a ver a todos y a todo bajo una luz completamente distinta.

Otra cosa que puede experimentar durante esta fase es desorientación. Puede que se sienta un poco olvidadizo y perdido durante este tiempo. Entrará en una habitación y olvidará a qué ha venido, extraviará objetos y olvidará dónde los vio por última vez. También podría estar perdido en sentido figurado, como perdido en la vida y no parecer que pueda encontrar su dirección o el camino que se supone que debe seguir.

Es posible que durante este tiempo quiera hacer frente a la situación escapando de su vida. Podría pasar la mayor parte del tiempo viendo programas de televisión, distrayéndose con la vida de los demás, o cualquier escapismo que le parezca a usted. Su energía física también podría ser baja durante este tiempo. Levantarse y presentarse a su trabajo, tareas y quehaceres podría parecerle más desafiante y levantarse de la cama solo será un logro.

Sin embargo, no se sentirá así todo el tiempo. Podría afectarle cuando Neptuno esté entrando o saliendo de un signo. Otra cosa a la que debe prestar atención es a los aspectos que pueda hacer el planeta. Estúdielos para saber cómo prepararse adecuadamente.

Plutón

Plutón es un planeta excepcionalmente lento, por lo que puede permanecer entre 14 y 30 años bajo un mismo signo. Tampoco está claro cuánto duran los aspectos plutonianos, pero tardan unos años en perder su efecto.

Este planeta es conocido principalmente por tener una energía intensa y transformadora. La mayoría de los astrólogos pintan a Plutón bajo esa luz, pero el peaje de esa transformación no se discute tanto como debería.

Siempre que este planeta está en tránsito y viaja a un signo diferente, toda su vida casi se desmorona porque necesita cambiar o crecer más para convertirse en la persona que está destinada a ser. Esto puede ser una experiencia positiva, pero no es fácil. Es una de las experiencias más pesadas por las que puede pasar. Todo lo que ha construido y todas las ideas que tenía sobre usted mismo caen al suelo. El planeta le pide que recoja los pedazos y construya su vida desde cero porque así es como le hará crecer.

Esto es bastante aterrador y cada persona tiene una experiencia diferente con este planeta, por lo que nunca podrá saber con seguridad cómo será su experiencia. Para predecir su experiencia plutoniana, compruebe el signo y la casa en la que estará y estudie sus aspectos con los planetas natales y en tránsito.

Los astrólogos explican que Plutón en tránsito pasa por tres etapas. Comienza con una sensación de perturbación general. Le parecerá que todo trabaja en su contra o que no puede hacer nada bien. Le seguirá un periodo de confusión. Sentirá que no sabe qué está causando esta perturbación y no sabrá cómo solucionarlo. La etapa final es el nuevo yo. Este nuevo usted no siempre será una persona más madura, sino que puede ser cualquier cosa en función de cómo haya manejado esta difícil situación.

Capítulo 8: Tránsitos planetarios interiores

Ahora que ya conoce los tránsitos planetarios exteriores, es hora de que se familiarice con los tránsitos interiores.

Los planetas interiores se mueven a un ritmo mucho más rápido que los exteriores. Por eso, la mayoría de los astrólogos siguen sus movimientos con más frecuencia que los de los planetas exteriores.

Tomemos como ejemplo los cuerpos luminosos. Se mueven todos los días, lo que significa que usted se ve afectado constantemente por sus grados y aspectos siempre cambiantes. Afectan a su estado de ánimo, su perspectiva y mucho más.

El Sol

El sol se mueve un grado cada día y aterriza en un signo nuevo cada mes. El sol representa su ego, su autopercepción y su identidad. Cuando su sol en tránsito crea aspectos con otros planetas, su sentido del yo se ve afectado. Normalmente, estos aspectos duran un máximo de tres días. Sus efectos no se dejan sentir con fuerza, pero aun así puede sentirlos. Estos aspectos son más sutiles y, aunque le afectan, pueden sacudirse fácilmente.

Si quiere mantenerse al día con su tránsito solar, tendrá que comprobarlo con frecuencia a lo largo de la semana. Podría pensar que no es necesario, ya que su influencia no es tan fuerte. Tiene razón y sus aspectos no le barrerán la alfombra de debajo como los planetas exteriores. Sin embargo, creará aspectos a diestro y siniestro debido a su rapidez. Esto significa que se enfrentará a aspectos diferentes a diario.

Dependiendo de sus aspectos, su Sol en tránsito podría hacerle sentir que no está contento con su estado actual en la vida. Quizá su posición profesional, los muebles de su casa, su coche, su cara, su cuerpo, sus relaciones, etc. Cualquier cosa relacionada con quién es usted como persona o que refleje su ego podría estar en entredicho con su sol de tránsito.

Esto no significa que vaya a estar en un estado constante de insatisfacción consigo mismo y con su vida, pero estas son solo algunas de las cosas que podría experimentar.

Más aspectos creados por su sol de tránsito le harán sentir que está por encima de todo en la vida. Por tanto, depende de los aspectos; puede comprobarlos rápidamente de vez en cuando.

La Luna

La luna se mueve mucho más rápido que el sol y viaja a un nuevo signo en un plazo de dos a dos días y medio. Este cuerpo luminoso afecta a sus emociones y con su gran velocidad, puede entender por qué sus sentimientos cambian constantemente.

La Luna también representa su hogar, su familia y su comunidad. Los representa en sentido literal y figurado. Los movimientos de la luna influyen incluso en la idea de hogar o familia. También influye en sus hábitos inconscientes y en el tipo de decisiones que toma cuando está en piloto automático.

Los aspectos de su tránsito lunar pueden afectarle hasta cierto punto, dependiendo de lo fuertes que sean. Por ejemplo, si ha tenido dificultades emocionales para levantarse y hacer algo, una luna en tránsito en Aries puede ayudarle. Aries tiene que ver con ser proactivo, por lo que una luna en Aries podría ayudarle con su desmotivación o falta de energía.

Mercurio

El planeta de la comunicación y la intelectualidad pasa tres semanas en cada signo. Por tanto, también puede esperar que haga muchos aspectos, pero solo durarán dos días más o menos.

Uno de los aspectos a los que quizá quiera prestar atención es el Mercurio en tránsito a Mercurio natal. Algunos aspectos pueden nublar su pensamiento y otros pueden elevar sus facultades mentales.

El tránsito de Mercurio no solo afecta a su pensamiento; también puede influir en su comunicación, escritura, lectura y percepción del mundo. Algunos aspectos desafiantes pueden enturbiar su habla o volverle inarticulado. Estos aspectos suelen desaparecer en unos días. Sin embargo, no conviene que inicie una discusión, mantenga una conversación seria o firme contratos cuando atraviese un aspecto difícil de Mercurio.

Otros tránsitos pueden atraer su curiosidad. Es posible que durante este tiempo marque artículos intrigantes, compre libros nuevos y entable conversaciones con todos los que le rodean.

Es bastante fácil seguirle la pista a este planeta. Todo lo que tiene que hacer es comprobar su signo, su casa y sus aspectos con los planetas en tránsito y natales.

Venus

El planeta del amor y el placer pasa unos 18 días en un signo zodiacal y sus aspectos duran 2 días. El tránsito de Venus afectará a sus relaciones ya sean amistades íntimas o casuales. También afectará a su sentido del placer, por lo que un día podría sentir deseos de ir a un lugar elegante y apreciar su entorno. Otros días, es posible que quiera estar inmersa en un lugar acogedor, hundida en el sofá, comiendo comida para llevar y viendo sus programas de televisión favoritos con sus seres queridos.

No necesita comprobar su Venus con tanta frecuencia como los cuerpos luminosos. Sin embargo, es posible que quiera comprobar los aspectos que crea. Sobre todo, si siente que algo no va bien en su vida amorosa y social.

También necesita saber cómo afecta su Venus en tránsito a su Venus natal. A veces, su vida amorosa puede sentirse rara con aspectos difíciles, como la oposición o la cuadratura. Puede que se muestre demasiado cerrada o fría. Puede sentir que no soporta a su pareja, o quizá sea más propenso a las discusiones.

Los aspectos más suaves, como la conjunción, el trígono o el sextil, pueden aportar una sensación más armoniosa a su relación. Quizá quiera prestar atención a los aspectos de conjunción porque, por ejemplo, su tránsito con Venus podría conjuntarse con Plutón. En ese caso, su relación podría atravesar un fuerte periodo de transición.

Marte

Los tránsitos de Marte son complicados
NASA Hubble, CC BY 2.0 <https://creativecommons.org/licenses/by/2.0>, via Wikimedia Commons https://commons.wikimedia.org/wiki/File:A_Dust_Storm_on_Mars.jpg: NASA Hubble, CC BY 2.0

Marte es el más lento de todos los planetas interiores, por lo que permanece en un signo durante unos dos meses y sus aspectos duran alrededor de una semana.

Marte en tránsito es complicado porque le da energía, pero puede volverle irascible y algo peleón. Por ejemplo, si este planeta está transitando por su casa 3 u 11, es posible que sienta el impulso de pelearse con sus hermanos, ya que estas casas los representan.

Marte tiene un efecto similar cuando crea un aspecto con su Sol natal. Puede sentirse más enfadado de lo habitual y es más propenso a las rabietas o a iniciar una discusión agresiva.

Cuando Marte en tránsito tiene aspectos más suaves, puede sentir que tiene más energía. Puede notarse más proactivo y dispuesto a iniciar proyectos y terminarlos. También puede terminar tareas en poco tiempo y tener más energía para terminar más.

También puede sentir más energía masculina surgiendo a través de usted, así que cuando sienta eso, comprenda que es obra de su Marte en tránsito. Este planeta también influye en su vida sexual junto con su libido. Así que puede sentirse más activo o inactivo durante este tiempo, dependiendo de los aspectos del planeta.

Capítulo 9: Lectura de una carta astrológica

¡Enhorabuena! Ha llegado hasta aquí. Lo sabe todo sobre los signos del zodiaco, los planetas, las casas y los aspectos. Conoce bien las distintas energías que portan, cómo le influyen y cómo crean determinados acontecimientos de la vida.

Notará que los conocimientos que ha acumulado surten efecto cuando intente interpretar su carta natal. Puede que aún no sepa cómo hacerlo, pero cuando termine de leer este capítulo, empezará a comprender cómo funcionan las interpretaciones astrológicas.

La carta natal

Ejemplo de carta natal
https://commons.wikimedia.org/wiki/File:Goethe_Natal_Chart.png

Puede que aún no esté acostumbrado a leer una carta natal, pero descubrirá que es el mejor maestro, aunque todavía no lo entienda todo sobre ella. Por eso le recomendamos que tenga su carta natal abierta mientras lee este capítulo, para comprenderla mejor.

Estos son los pasos que debe seguir para obtener su carta natal. Vaya a astro.com. Encontrará una pestaña a la izquierda junto a la pestaña "Horóscopos"; haga clic en ella. A continuación, haga clic en "Horóscopos gratuitos". Haga clic en "Cartas y datos", lo que abrirá otro menú con diferentes selecciones. En esa selección, haga clic en "Selección ampliada de cartas".

El sitio web le llevará a una nueva página con usuarios invitados y visitantes. Haga clic en "Usuario invitado" y rellene sus datos. Encontrará una pestaña emergente que le pedirá que ponga su hora de nacimiento mientras lo hace. Puede preguntar a cualquier miembro de la familia si sabe exactamente cuándo nació usted. Cuando tenga esa información, siga adelante y rellénela.

El sitio web le llevará a una nueva página, desplácese hacia abajo y haga clic en "Opciones para zodíaco y casas". Busque "Sistema de casas" y haga clic en "Placidus". Desplácese más abajo y seleccione "Opciones de visualización y cálculo", después haga clic en "Nodo verdadero" y "Nodo descendente". Desplácese de nuevo hacia abajo y busque "Aspectos", después haga clic en "a Quirón" y "a todos los objetos". Por último, seleccione "Objetos adicionales" y seleccione "Lilith". Cuando haya terminado, seleccione "Haga clic aquí para mostrar la carta".

Lectura de la carta natal

¡Bienvenido a su carta natal! Encontrará un gran círculo que está dividido en 12 casas. Dentro de estas casas, puede encontrar símbolos para los planetas. Puede consultar el capítulo 2 o ir al glosario para entender qué planetas corresponden a qué símbolos. También observará los signos del zodiaco en la circunferencia del círculo.

Como habrá observado, cada signo se alinea con una casa determinada y estas casas pueden contener o no algún planeta; esto es normal. Si tiene tres o más planetas en la misma casa, esto se llama un "Stellium". Significa que una de sus casas está influida por varias energías planetarias.

Una forma fácil de leer su carta es mediante un sistema binario. Leerá las casas opuestas entre sí, de forma que pueda comprender rápidamente lo que representa cada casa e interpretarlo sobre la marcha. Recuerde que todas las casas tienen múltiples significados, así que asegúrese de volver a consultar el capítulo tres para tener un buen conocimiento de las energías que contiene cada casa.

Empiece por su ascendente, que se encuentra en la cúspide de la primera casa. Frente a él, encontrará el descendente, que está en la cúspide de la séptima casa. La primera casa es el yo, lo que significa automáticamente que la séptima casa son los demás. Si tiene algún planeta en la primera casa, comprenda que afecta a su autopercepción. Si tiene planetas en la séptima casa, estas energías afectan a sus relaciones con los demás ya sean relaciones íntimas, amistades o conocidos.

Preste atención a su signo ascendente y aprenda más sobre el planeta que lo rige. Por ejemplo, si su AC está en la cúspide de Tauro, entonces Venus tiene el regente aquí. ¿Por qué es importante?

En astrología, el planeta que rige el signo AC es también el planeta que tiene el gobierno sobre su carta natal. Esto significa que a usted le afecta mucho ese planeta específico y sentirá mucho los aspectos de su Venus natal ya sean buenos o malos. La misma lógica se aplica cuando el planeta está en tránsito o retrógrado.

A continuación, puede pasar a la segunda casa, que representa los recursos personales. Opuesta a la segunda casa está la octava, que representa los recursos compartidos. Si no tiene ningún planeta en la segunda casa, no se preocupe. No significa que no tenga propiedad sobre su dinero o que vaya a atravesar dificultades financieras. Si desea comprender mejor sus finanzas a través de la astrología, compruebe el signo en la cúspide de su segunda casa, la décima casa y Tauro y Venus, ya que están asociados con el dinero.

Ahora puede ver que la tercera casa, opuesta a la novena, está relacionada con su comprensión cognitiva y el pensamiento abstracto. Luego puede pasar a la cuarta casa y a la décima, que representan sus raíces y su destino en esta vida. También encontrará el IC en la cúspide de la primera casa y el MC en la cúspide de la décima.

Ahora comience a observar su quinta casa, que representa su creatividad interior, el placer y los niños. Frente a ella, encontrará la undécima casa, que representa a los hijos adoptivos y sus amistades y vida social.

Las últimas casas que examinará ahora son la sexta y la duodécima. La sexta trata del servicio a los demás ya sea a través de nuestro trabajo o ayudando al público en general. La duodécima está más entre bastidores y más conectada con el subconsciente y la acción entre bastidores.

Lecturas complementarias y notas generales

Leer una carta natal puede resultar complicado al principio, pero le resultará más fácil cuanto más practique. He aquí algunos consejos que le ayudarán a empezar.

Puede resultarle significativamente útil anotar las áreas de la vida representadas por cada casa. También, una opción es volver al capítulo cuatro y resumir cada casa. Puede utilizar palabras clave para ayudarse con ello. Por ejemplo, la casa 1 es la casa del yo. La 2ª casa es la casa de los recursos personales y así sucesivamente.

Puede hacer lo mismo con los signos del zodiaco y los planetas. Esto le ayudará a descifrar su carta astral en muy poco tiempo.

Una de las cosas que pueden ayudarle con su interpretación es dedicar unas páginas a cada una de las casas. Empiece por la primera casa y anote su signo zodiacal y los planetas que contiene esta casa. Si hay planetas en esta casa, es esencial conocer sus aspectos en relación con otros planetas.

Este puede ser un proceso interminable porque cuanto más aprenda, más cosas nuevas encontrará para anotar. Es importante que lleve un registro de sus notas y las amplíe cada vez que aprenda algo nuevo.

También es vital que lleve un registro de sus progresos si quiere ser un astrólogo avanzado porque, con el tiempo, verá lo lejos que ha llegado en comparación con cuando empezó este viaje. Esto le ayudará a ganar confianza en sus habilidades y a aumentar su ritmo a la hora de interpretar la carta natal de cualquier persona.

Encontrará un determinado signo zodiacal en la cúspide de cada casa. Este signo zodiacal le indica cómo se comporta usted con la energía de la casa. Por ejemplo, digamos que usted ha tenido a Virgo en la cúspide de su undécima casa. Esto significa que le gusta ayudar a sus amigos y en sus amistades, su función es la de ayudante y sus amigos dependen de usted cuando necesitan ayuda. Otro ejemplo es si tiene Capricornio en su primera casa, esto podría significar que no se siente cómodo compartiendo sus sentimientos vulnerables y puede que haya salido de una casa en la que le llamaban a menudo y no le prestaban atención.

También encontrará varias líneas en el centro de su carta natal, los aspectos tratados en el capítulo cinco. Para comprobar sus aspectos en profundidad, seleccione "Tablas adicionales". Verá cada aspecto de todos los planetas. He aquí cómo puede leerlos. Imagine un aspecto Mercurio trígono Venus. Esto significa que usted es encantador y tiene buenas habilidades sociales. También significa que se le da bien la comunicación y que suele saber qué decir.

Otro ejemplo sería un Marte cuadrado a Saturno. Esto significa que probablemente creció rodeado de muchas críticas o soportó una disciplina estricta. Esto conlleva problemas con la auténtica autoexpresión y que Saturno obstaculice la energía de Marte en usted. Es posible que tema el éxito y tenga dificultades para perseguir lo que necesita o desea.

Vuelva a la pestaña de la carta natal y seleccione "+ Con tránsitos". Esta pestaña le mostrará todos sus planetas en tránsito, dónde se encuentran y sus aspectos con sus planetas natales. Puede leer estos aspectos seleccionando "Tablas adicionales", excepto que tendrá tres tablas. Una es para sus planetas natales, otra es para sus planetas en tránsito y la tercera es para los aspectos entre sus planetas natales y en tránsito.

Recuerde que los efectos de los tránsitos no duran, así que cuando estudie los tránsitos que está experimentando o experimentará, asegúrese de anotar su duración. Otra cosa que podría ayudarle con esto es llevar un diario de cómo se siente durante este tránsito.

Reconocer sus emociones durante un tránsito suave o agitado puede permitirle predecir cómo será un tránsito similar en el futuro. Observe los acontecimientos de la vida que está experimentando a través de este tránsito y fíjese en su experiencia emocional.

He aquí algunas preguntas útiles para empezar. ¿Cómo me siento durante este tránsito? ¿Qué tipo de acontecimientos vitales estoy experimentando ahora? ¿Cómo estoy reaccionando ante estos acontecimientos vitales?

Asegúrese de que tiene el planeta en tránsito en la parte superior de la página, en qué signo y casa está transitando y el tipo de aspectos que tiene. A continuación, escriba la duración del tránsito y la duración de los aspectos. Esto le dará una idea más clara de a qué se enfrenta y le ayudará a estar emocionalmente preparado para tránsitos similares.

Capítulo 10: Retornos solares y lunares

Retorno solar

Usted ha estado celebrando su retorno solar todos los años sin saberlo. Un retorno solar es cuando el sol vuelve a la posición exacta en el momento de su nacimiento.

El sol representa su ego y su identidad, por lo que con un retorno solar es como si le dieran la bienvenida a un nuevo usted. No cambiará de la noche a la mañana, pero puede considerarlo como el comienzo de un nuevo capítulo.

Puede comprobar rápidamente su revolución solar añadiendo su ubicación, hora y fecha de nacimiento a una página web que la calcula por usted.

También es mejor ver su carta de revolución solar completa porque es una previsión para todo el año, al menos hasta su próxima revolución solar. Observará que todos los planetas se encuentran en distintas colocaciones. Los planetas estarán en diferentes signos y casas, e incluso su ascendente será diferente.

Esta carta puede indicarle los temas que experimentará durante su nuevo año. Debe estudiar las colocaciones y aspectos de estos planetas y comprender lo que significarán para usted. Intente interpretar sus colocaciones en la medida de lo posible para prepararse para lo que está por venir.

También puede aprender mucho sobre cómo cambiará su identidad a lo largo del año y los retos a los que se enfrentará.

Retorno lunar

El retorno lunar es un fenómeno cósmico que experimenta cada mes. Como ya hemos mencionado, la luna se mueve a un ritmo relativamente rápido, por lo que cada mes regresa a la posición exacta de su luna natal. Digamos que usted es una luna Libra de grado 26. Cuando experimenta un retorno lunar, significa que actualmente, la Luna en tránsito se encuentra en el mismo signo y grado que la fase lunar bajo la que usted nació.

Los astrólogos afirman que los retornos lunares le dan la claridad necesaria para experimentar una autorreflexión emocional honesta. Recomiendan llevar un diario y profundizar en cómo se ha sentido últimamente y conectar con usted mismo. Intente evitar huir de sus emociones o sentimientos desagradables durante este tiempo porque, aunque sean desagradables, le seguirán dando la recompensa de la claridad emocional.

También puede indagar más en sus hábitos inconscientes. Si se ha sentido infeliz por su relación con la comida y por cómo utiliza su tiempo, puede reflexionar sobre estos temas durante este momento del mes.

Después de haberse hecho el servicio de la autorreflexión bajo la influencia lunar, quizá note que puede tomar decisiones más conscientes y saludables en su vida cotidiana.

Puede calcular su retorno lunar utilizando Astro.com u otras aplicaciones y sitios web astrológicos. Tiene que añadir la hora y la fecha de nacimiento y el lugar exacto en el que nació. La página web le mostrará el momento exacto de su retorno lunar y el tipo de aspectos que experimentará entonces.

La diferencia

El retorno solar tiene que ver con su identidad y personalidad, mientras que el retorno lunar está más orientado a las emociones y más conectado con su subconsciente.

Ahora, eche un vistazo a sus cartas solar y lunar. Observará que los planetas están repartidos de forma diferente por su carta natal, ¿qué significa eso? ¿Cómo le afectarán estas colocaciones durante este año?

Los planetas solares representan todo lo que tiene que ver con su personalidad, así que digamos que tiene a Plutón en la séptima casa de su carta solar. Esto significa que se experimentará a sí mismo a través de las relaciones con los demás. Puede ser a través de relaciones íntimas, amistades, conocidos, etc. También significa que pasará por una experiencia transformadora. Puede que cambie su forma de tratar a los demás, o puede que se mire con lupa a sí mismo y cambie las cosas que no aprecia de su forma de relacionarse con los demás.

La misma lógica puede aplicarse a su carta de retorno lunar. Si tiene a Plutón en la sexta casa, es posible que sienta que está malgastando demasiada energía en su trabajo o en el servicio a los demás y ha llegado el momento de desplazar esa energía hacia usted mismo. Se sentirá agotado y necesitará darse más amor y atención a sí mismo.

Una carta solar es como una previsión anual, mientras que una carta lunar es una previsión mensual. Puede estudiar el tipo de temas que experimentará en relación con su identidad y emocionalmente a través de ambas cartas.

Glosario de glifos

En este capítulo extra, podrá encontrar todos los glifos mencionados a lo largo de este libro. Puede consultar esta sección cuando esté estudiando o interpretando su carta natal.

Aspectos

Aspectos principales

1. Conjunción: ☌

2. Trígono: △

3. Sextil: ✶

4. Cuadratura: ☐

5. Oposición: ☍

Puntos geométricos

1. Luna negra Lilith: ⚸

2. Nodo Norte: ☊

3. Nodo Sur: ☋

Cuerpos luminosos

1. Sol: ☉

2. Luna: ☾

Planetas

1. Mercurio: ☿

2. Venus: ♀

3. Marte: ♂

4. Júpiter: ♃

5. Saturno: ♄

6. Urano: ♅

7. Neptuno: ♆

8. Plutón: ♇

9. Quirón:

Puntos en la carta natal

1. Ascendente: AC
2. Descendente: DC
3. Coeli medio: MC

4. Imum Coeli: IC

Signos

1. Aries ♈
2. Tauro ♉
3. Géminis ♊
4. Cáncer ♋
5. Leo ♌
6. Virgo ♍
7. Libra ♎
8. Escorpio ♏
9. Sagitario ♐
10. Capricornio ♑
11. Acuario ♒
12. Piscis ♓

Conclusión

A lo largo de los siglos, la astrología ha sido la práctica central que ha desempeñado un papel importante en la espiritualidad de la humanidad. Cuanto más aprendía la humanidad sobre ella, mayor era su comprensión. Los humanos no tropezaron con el arte de la Astrología predictiva en un solo día y tardaron siglos en desarrollar este conocimiento.

La Astrología predictiva añade profundidad a su vida. No se trata solo de saber lo que puede ocurrir dentro de una semana o un mes. Se trata más bien de los retos a los que se enfrentará, del crecimiento que experimentará y de alcanzar la versión más pura de sí mismo.

A través del conocimiento de la Astrología y la Numerología, aprende más sobre su camino en esta vida. Comprende lo que necesita superar y ajustar en su carácter o en su vida para estar en el camino más adecuado para usted. Gana perspectiva y alcanza un nivel superior de conciencia con solo absorber este tipo de conocimientos.

Las energías que portan los cuerpos planetarios influyen en su vida de forma significativa ya sea a través de los acontecimientos vitales, de cómo nació o del tipo de hogar en el que creció. Todo lo que experimenta en la vida está influido por todas las energías que le rodean, incluido el poder de los números.

La numerología revela la naturaleza de las energías ocultas que residen en su interior. Estas energías afectan a sus rasgos y conforman su personalidad única. Son lo que le hace destacar y la razón de su inexplicable resistencia, perseverancia o bondad. Los números también portan energías que se corresponden con su trayectoria vital, por lo que una vez que averigüe su camino, la carretera que tiene por delante le parecerá más clara y sabrá hacia dónde dirigirse.

El poder de la astrología y la numerología es real, así que utilícelo sabiamente ya sea para ayudarse a sí mismo o a un ser querido. Recuerde que cuanto más practique la lectura de cartas natales, más fácil le resultará, por lo que la práctica en este punto es fundamental. Una vez que domine sus habilidades, comprenderá mejor cómo influye el universo en su vida y trabajará con él, no contra él.

Vea más libros escritos por Mari Silva

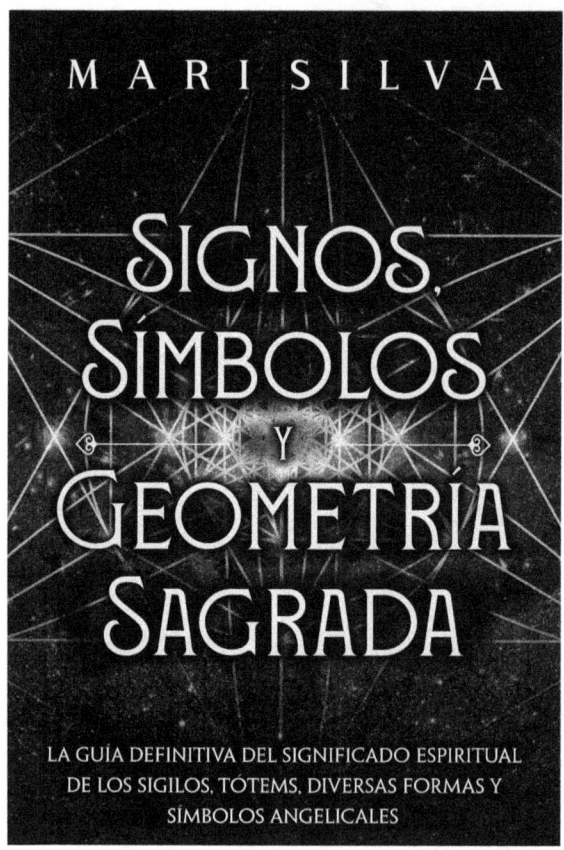

Su regalo gratuito

¡Gracias por descargar este libro! Si desea aprender más acerca de varios temas de espiritualidad, entonces únase a la comunidad de Mari Silva y obtenga el MP3 de meditación guiada para despertar su tercer ojo. Este MP3 de meditación guiada está diseñado para abrir y fortalecer el tercer ojo para que pueda experimentar un estado superior de conciencia.

https://livetolearn.lpages.co/mari-silva-third-eye-meditation-mp3-spanish/

Recursos

Buchanan, M. (2013). El libro de la numerología: Descubra su destino y el plan de su vida. Hay House, Inc.

Dodge, E. (1988). La numerología tiene su número. Simon and Schuster.

Fanthorpe, L., Lionel, F., y Fanthorpe, P. (2013). Misterios y secretos de la numerología (Vol. 16). Dundurn.

Heyss, J. (2001). Iniciación a la numerología: Una guía práctica para leer sus propios números. Weiser Books.

Kapil, A. (2001). La numerología es fácil de entender. Penguin Books India.

Lagan, H. A. (2011). Numerología caldea para principiantes: Cómo su nombre y su cumpleaños revelan su verdadera naturaleza y su trayectoria vital. Llewellyn Worldwide.

Lawrence, S. B. (2019). El gran libro de la numerología: El significado oculto de los números y las letras. Weiser Books.

Mykian, W. (2011). Numerología fácil: Una introducción a la ciencia caldea de los números. Xlibris Corporation.

Ojha, P. A. (2005). Numerología para todos. Orient Paperbacks.

Sharp, D. (2001). Numerología simple: Un libro de sabiduría simple. Conari Press.

Simpson, J. (2014). Numerología: Haga predicciones y tome decisiones basadas en el poder de los números. Penguin.

Singh, S. C. (2020). Deje que los números le guíen: La ciencia espiritual de la numerología. John Hunt Publishing.

Thompson, L. B. (1999). Numerología caldea: Un mapa antiguo para los tiempos modernos. Tenacity Press.

Visconti, S. (2020). Numerología: Descubra el significado de los números en su vida y sus secretos para el éxito, la riqueza, las relaciones, la adivinación y la felicidad. Sofia Visconti.

Windfuhr, G. (2004). Ritual zoroastriano y taoísta: Cosmología y numerología sagrada. En Los rituales zoroastrianos en su contexto. Brill

Cunningham, D. (1993). Moon Signs: The Key to Your Inner Life. Ballantine Books.

G. (2014). Depth Astrology: An Astrological Handbook, Volume 3--Planets in Houses. Independently published.

Kent, E. A. (2015). Astrological Transits: The Beginner's Guide to Using Planetary Cycles to Plan and Predict Your Day, Week year (or Destiny). Fair Winds Press.

Ma, R. K. B. (2007). Llewellyn's Complete Book of Astrology: The Easy Way to Learn Astrology (Llewellyn's Complete Book Series, 1). Llewellyn Publications.

March, M. D., & McEvers, J. (2008). The Only Way to Learn Astrology, Volume 1, Second Edition (2nd ed.). ACS Publications.

McQuillar, T. L. (2021). Astrology for Mystics: Exploring the Occult Depths of the Water Houses in Your Natal Chart. Destiny Books.

Sasportas, H., & Greene, L. (2009). The Twelve Houses. LSA/Flare.

Sears, K. (2016). Astrology 101: From Sun Signs to Moon Signs your Guide to Astrology (Adams 101). Adams Media